A Nova Sociedade Brasileira

Bernardo Sorj

A Nova Sociedade Brasileira

2ª edição revista

Jorge Zahar Editor
Rio de Janeiro

Jorge Zahar Editor Ltda.
rua México 31 sobreloja
20031-144 Rio de Janeiro, RJ
tel.: (21) 2240-0226 / fax: (21) 2262-5123
e-mail: jze@zahar.com.br
site: www.zahar.com.br

Capa: Carol Sá e Sérgio Campante

Edição anterior: 2000

CIP-Brasil. Catalogação-na-fonte
Sindicato Nacional dos Editores de Livros, RJ.

Sorj, Bernardo
S691n A nova sociedade brasileira / Bernardo Sorj. – 2.ed.
2.ed. – Rio de Janeiro: Jorge Zahar Ed., 2001.

Inclui bibliografia
ISBN: 85-7110-548-0

1. Brasil – Condições sociais. 2. Brasil – Condições econômicas. 3. Brasil – Política e governo. I. Título.

CDD 981
01-0888 CDU 981

Sumário

Prefácio

Este ensaio é um esforço de interpretação sociológica do Brasil contemporâneo articulado ao debate sobre o destino das sociedades modernas. Poderá ser lido como uma *análise* dos processos, instituições e novos sujeitos sociais que moldam a sociedade brasileira nesta passagem de século; como uma *interpretação* sociológica do Brasil contemporâneo; e como um *debate teórico* sobre os usos dos conceitos de modernidade, globalização, cidadania e pluralismo explicativo.

A análise pretende contextualizar os conceitos e debates associados à modernidade — como individualização, cidadania, consumo, direitos, novas identidades —, mostrando como adquirem características próprias no contexto da realidade brasileira, afetando a formação das instituições sociais e as possibilidades de consolidação de uma sociedade democrática. A interpretação busca decifrar o enigma de por que o Brasil continua a fascinar e ser idealizado nos países desenvolvidos, enquanto as instituições européias (e/ou norte-americanas) são a aspiração e referência dos brasileiros. O debate teórico defende a importância da sociedade nacional como unidade de análise face à tendência da teoria social a generalizações indevidas (seja considerando fenômenos locais como universais, seja usando o conceito de globalização como chave-mestra que desconhece as especificidades das instituições nacionais) e o pluralismo explicativo como única forma de enfrentar a complexidade social que se mostra irredutível a uma matriz causal única.

A interpretação aqui desenvolvida, em resumo, mostra que no Brasil os processos de racionalização da vida social e de universalização de direitos penetraram amplamente nos valores gerais da sociedade, nas práticas de mercado e em alguns núcleos do Estado, mas de forma muito limitada no sistema político e nas instituições públicas. Nesses espaços e na sociabilidade cotidiana dominam valores particularistas, em boa medida associados, mas não redutíveis, ao uso patrimonialista do poder, que se sustenta na profunda desigualdade social.

Embora o foco do livro seja a emergência de novos atores e instituições sociais, isso não implica a valorização deslumbrada da novidade. Identificar o novo não significa apoiá-lo nem esquecer as continuidades. Ao contrário, uma característica central da sociedade brasileira ao longo de sua história tem sido a constante e profunda desigualdade na distribuição da riqueza e a injustiça social, não apenas no âmbito econômico, como no funcionamento das instituições do Estado.

Explicar o Brasil é, portanto, identificar os mecanismos através dos quais, apesar dos processos constantes de mudança, se desenvolvem estratégias sociais que reproduzem a desigualdade social. Assim, se por um lado o Brasil apresentou durante grande parte do século XX um dos mais altos índices de crescimento econômico e de mobilidade social e geográfica, as desigualdades sociais permaneceram e mesmo aumentaram. Isso não implica, obviamente, uma rigidez social. Cada mudança social profunda permite a ascensão de novos grupos e exige esforços de readaptação de todos os agentes sociais às novas condições, e a sociedade brasileira mostrou até agora grande dinamismo na recomposição das classes sociais.

No primeiro capítulo do livro são apresentadas as principais instituições da sociedade brasileira contemporânea (o patrimonialismo, o Estado racionalizador, o capitalismo, a desigualdade e a heterogeneidade da estrutura social, a lógica institucional, a cidadania e a representação política, a sociabilidade e os padrões culturais), ressaltando suas relações complementares e contraditórias.

No segundo capítulo é discutido o papel da inflação, que levou à redução progressiva da capacidade do Estado de gerenciar o conflito social, gerando uma crise do modelo de dominação centrado no papel do Estado como empresário e veículo de cooptação social dos setores ascendentes.

No terceiro capítulo são investigados o conceito de sociedade de consumo e os processos associados ao surgimento, no Brasil, de um novo sujeito social — o consumidor —, com implicações para a construção de novas identidades sociais e a formação de direitos de cidadania.

No quarto capítulo é analisado o efeito provocado pelas privatizações na estrutura social e política, o qual redefiniu o lugar do Estado em suas relações com os diferentes grupos sociais e fortaleceu o papel do cidadão-consumidor e do Judiciário.

No quinto capítulo é avaliado o impacto das transformações em curso na sociedade brasileira nas estratégias de sobrevivência dos diferentes grupos sociais, nas formas de representação política e na construção de novas identidades e sujeitos sociais.

No sexto capítulo é introduzido o tema da juridificação e da judicialização da sociedade e do conflito social, mostrando-se como a expansão e modificação do sistema de direitos e a crise dos mecanismos tradicionais de representação política alteram as relações entre os poderes Executivo, Legislativo e Judiciário.

Finalmente, no sétimo capítulo são discutidos os problemas teóricos da aplicação à realidade brasileira de conceitos e inovações sociais surgidos e desenvolvidos em outros contextos e os desafios colocados pela desigualdade social, o patrimonialismo e a violência para a construção de um espaço público (e privado).

Realizei este trabalho graças ao ano sabático que me foi outorgado pelo Departamento de Sociologia da Universidade Federal do Rio de Janeiro e à receptividade do Centro de Pesquisas sobre o Brasil Contemporâneo da École des Hautes Études en Sciences Sociales, de Paris. Minha dívida maior é para com o grupo de debate formado por Daniel Pecaut, Silvia Sigal e Gilles Bataillon, com os quais me reuni periodicamente durante minha estadia em Paris para discutir e navegar pelos mais diversos aspectos das transformações contemporâneas da América Latina, privilegiando o olhar sociológico tão em falta num Brasil colonizado pela perspectiva econômica da sociedade e dos problemas sociais. O incentivo constante de Bila e Pablo foi fundamental para enfrentar os desafios, crises de autoconfiança e as emoções que habitam todo esforço intelectual e que os textos silenciam.

Em 1965, ainda um adolescente de 17 anos, tive a sorte de descobrir um pequeno quadro-negro pendurado no pátio da Faculdade de Humanidades da Universidade da República, em Montevidéu, informando que o professor Darcy Ribeiro estaria dando um curso de antropologia cultural. O seminário, do qual participavam umas poucas pessoas (nos anos subseqüentes o público aumentaria significativamente), e a relação pessoal que imediatamente estabelecemos me introduziram a um pensamento que ousava, que não temia criticar os nomes mais consagrados da ciência social, que de nenhum aparato ideológico deduzia a teoria nem a qualquer ideologia subordinava a paixão moral e que estendia sua visão lúdica da vida à reflexão intelectual. Quando descobri o Brasil, percebi que as qualidades pessoais de Darcy expressavam o melhor da cultura de um povo que, sem desconhecer suas enormes carências sociais, não se apresenta como vítima da história e sim como participante ativo, com uma contribuição própria a oferecer para a compreensão e construção de um mundo condenado a inventar um sonho onde haja lugar para todos os sonhos. Dedico este livro à memória de Darcy.

I

As sete faces da sociedade brasileira

Introdução

A grandeza dos cientistas sociais e a miséria das ciências sociais estão ligadas à identificação de *uma* causa ou instituição social "fundamental" (sejam interesses, valores, tecnologia, forças inconscientes, luta de classes, capacidade de aprendizagem, linguagem ou racionalização, para enumerar alguns dos "fatores" mais conhecidos) a partir da qual se explica ou deduz o conjunto de instituições da sociedade.

Uma variação da monocausalidade sociológica é o pensamento estruturalista, que reduz a organização social a grandes oposições ou dicotomias cujos pólos não são problematizados e que possuem um conteúdo tão genérico que perdem todo conteúdo específico, sacrificando a variedade e diversidade de outros fatores ou oposições constitutivas da ordem social. O que pode ser um instrumento heurístico ou um ponto de partida se transforma em ponto de chegada e uma chave universal empobrecedora do mundo social.

Dada a complexidade da vida social, estas explicações se mostram limitadas, o que leva a crises periódicas de relevância e ao questionamento da possibilidade de uma ciência da sociedade, até o surgimento de um novo (ou redescoberta de um antigo) marco explicativo. A ascensão de novas teorias, por sua vez, não é alheia a contextos sociais que valorizam certas dimensões da vida social em relação a outras.

O principal desserviço das explicações monocausais não é a limitada relevância explicativa mas, sim, a ilusão de que vivemos em um mundo social racional e coerente que funciona a partir de uma lógica única. Na medida em que enfatiza um princípio explicativo único ou principal, a ciência social termina contribuindo para formar uma visão intolerante, empobrecedora e uniformizadora da sociedade.

O desafio para a análise social é construir modelos explicativos capazes de simplificar a realidade social sem obliterar fenômenos sociais fundamentais. Nesse sentido, modelos mais complexos, cientes de suas limitações, podem contribuir para aguçar a percepção que a sociedade tem de si mesma e de seus problemas, sem presumir uma capacidade de explicação exaustiva ou de profetizar o futuro. Inclusive porque pode-se aplicar ao mundo social a noção desenvolvida por Henri Atlan sobre as relações entre ordem e caos: processos que geram ordem num certo nível de organização (inclusive as explicações sociológicas) podem gerar desordem em outro nível por engessar a realidade.[1]

Se em geral a perspectiva pluralista se justifica em relação a qualquer análise concreta de um sistema social, no caso da sociedade brasileira ela se vê reforçada por um certo consenso de que não existe no Brasil contemporâneo um fator estruturante único capaz de dar inteligibilidade ao conjunto dos processos societários. Trata-se de identificar os vários fatores importantes de estruturação/desestruturação da sociedade, mas a análise de cada um desses fatores mobiliza marcos teóricos diversos. O desafio do pluralismo explicativo é tecer as relações entre os vários processos e explicações, de forma que estas não pareçam retalhos desconexos. Se possível, sem sacrificar o compromisso com a riqueza do processo social, trata-se de recuperar a simplicidade e o sentido estético, que são sem dúvida um dos principais atrativos das explicações monocausais.

Propomo-nos, neste capítulo, mapear a sociedade brasileira contemporânea como resultado da convivência complementar e conflituosa de sete instituições: o patrimonialismo, o Estado como agente racionalizador voltado para o crescimento econômico, o capitalismo, a desigualdade e heterogeneidade sociais, os padrões culturais de sociabilidade, a lógica institucional e a cidadania. Essas instituições de certa forma se sobrepõem, se complementam e entram em conflito segundo o uso que delas fazem os diversos agentes sociais e os efeitos não intencionais de cada uma sobre o sistema social. As sete faces do Brasil não são o reverso umas das outras, pois estão em boa medida frente a frente, mirando-se, influenciando-se mutuamente e discutindo entre si. Embora não esgotem a realidade social, são mecanismos básicos que organizam a sociedade e que podem explicar boa parte dos processos de integração e conflito social.

Patrimonialismo

O termo "patrimonialismo" foi largamente empregado nos estudos sobre o Brasil para caracterizar a apropriação privada dos recursos do Estado, seja pelos políticos ou funcionários públicos, seja por setores privados. Como tal, contrapõe-se a um tipo ideal de sociedade liberal ou moderna na qual o Estado está separado do mercado, em que as burocracias funcionam de acordo com regras universais e o governo expressa os projetos das representações políticas constituídas a partir da sociedade civil.

O uso deste conceito é geralmente associado a uma perspectiva que vê o patrimonialismo como um traço cultural inerente a certas sociedades, consideradas de forma genérica como ibéricas ou mediterrâneas. A ênfase unilateral que se dá à dimensão cultural e à sua continuidade no tempo encobre o fato de que o patrimonialismo só se reproduz na medida em que interessa a grupos sociais específicos e que suas características mudam de acordo com a dinâmica social, de modo que o conceito deve ser situado historicamente, pois envolve situações variadas de articulação entre os poderes econômico e político.

O patrimonialismo está presente, em maior ou menor grau, em todas as sociedades onde a distribuição de riqueza e poder é desigual. Nesse sentido, a análise do patrimonialismo brasileiro, em vez de referir-se a um fenômeno folclórico em um país "atrasado", pode permitir avançar na compreensão de um traço presente em todas as sociedades contemporâneas. Uma das particularidades do moderno patrimonialismo brasileiro está na sua associação com uma extrema desigualdade social, a impunidade de suas elites e o abandono dos setores mais pobres da população. Países tão diversos como o Japão, Israel ou a França possuem fortes traços patrimonialistas, mas que não implicam em forte desigualdade social ou falta de solidariedade coletiva. Inclusive porque o sentimento de igualdade e de solidariedade tem trajetórias variadas que não passam necessariamente pela criação de um espaço público de tipo liberal.

No pensamento sociológico, o conceito de patrimonialismo está ligado em particular à obra de Max Weber, que o utiliza de modo bem geral e amplo, englobando as mais diversas formas de economia feudal e arcaica e reconhecendo diversas modalidades do fenômeno.[2] O conceito em Weber refere-se a uma forma de dominação *tradicional*, enquanto na maneira como é usado na bibliografia brasileira está praticamente desprovido dessa característica. O patrimonialismo moderno é uma estratégia dos grupos sociais (especialmente os dominantes, mas que permeia a sociedade) de uso do poder para apropriar-se de recursos econômicos ou privilégios sem a legitimidade fundada na tradição. Isto porque se trata de uma forma de dominação no contexto de sociedades urbanas em que não funcionam os sistemas tradicionais de dominação e com sistemas democráticos e jurídicos formalmente liberais que supõem uma separação entre o poder político e o poder econômico. A própria consciência e crítica crescente às várias formas de patrimonialismo só é possível porque a sociedade interiorizou valores modernos de separação entre o poder político e o econômico e as crenças nos direitos da cidadania.

É através da reprodução da desigualdade social e da impunidade que o patrimonialismo entra em conflito com uma sociedade que avançou no processo de individualização e integração dos valores de cidadania e de um Estado de bem-estar social. É nesse contexto que a percepção das causas da desigualdade social deixa de se concentrar na exploração do trabalho para centrar-se na capacidade do Estado de regular, fiscalizar e gerar uma rede de apoio e infra-estrutura de serviços sociais que assegurem um mínimo de condições de vida e de inserção no sistema produtivo para o conjunto da população. Nessa nova situação o patrimonialismo passa a ser percebido como a primeira fonte dos problemas sociais e como uma agressão aos valores da justiça, da igualdade e da convivência democrática.

As origens do patrimonialismo no Brasil estão ligadas à colonização portuguesa, que implantou um Estado como estrutura independente e sobreposta à sociedade, estrutura cuja função era extrair renda da colônia. Em fins do século XIX o sistema político consolidara-se em torno de duas instituições: o poder local dos grandes proprietários de terra, estruturado na força de famílias patriarcais que dominavam amplas regiões através de relações clientelísticas e laços de sangue, além do controle direto ou indireto dos órgãos de repressão, das instituições locais de administração e de justiça e do voto, dentro de um sistema de favores que ligavam o poder local ao poder central,[3] e um Estado central, com um sistema administrativo herdado da Colônia e do Império,[4] que mantinha certa eficácia e autonomia, que assegurava a defesa nacional e que, dada a heterogeneidade social e as dimensões do país, funcionava como árbitro entre os interesses das diversas regiões e grupos sociais.

Com os processos de urbanização e de transformação das relações sociais no campo, o poder dos grandes proprietários rurais foi se reduzindo e o fenômeno do patrimonialismo local perdeu relevância. O novo patrimonialismo, de base urbana, tem como fundamento as relações de imbricação entre os interesses dos grupos dominantes e o Estado, a impunidade e o descontrole da máquina governamental, que transformou em grande parte o sistema repressivo e jurídico num instrumento de violência contra os grupos mais pobres e de impunidade dos mais ricos.

O moderno patrimonialismo deve ser desdobrado em suas múltiplas manifestações para que posteriormente se compreenda que aspectos estão em crise e quais poderão ser seus possíveis desdobramentos futuros. Todas essas formas de patrimonialismo estão presentes em qualquer sociedade contemporânea, já que a tensão e os limites entre o poder econômico e o poder político e burocrático podem ser mais ou menos controlados, mas não suprimidos:

- O patrimonialismo dos políticos, isto é, a utilização de cargos políticos eletivos ou executivos para usufruto de vantagens econômicas através do uso dos recursos da coisa pública, da concessão de favores ao setor privado, dos mecanismos legais de distribuição de itens orçamentários, do nepotismo e da obtenção de privilégios como autoconcessão de altos salários e aposentadorias.

- O patrimonialismo do funcionalismo público, isto é, a utilização de funções públicas, de fiscalização, repressão e regulamentação para receber propinas e comissões. Em sua forma mais extrema se expressa no uso da força pela polícia para extorquir a população.

- O patrimonialismo privado, isto é, a apropriação de recursos públicos por agentes privados, geralmente através de licitações montadas para obter do Estado contratos superfaturados. Além dessa forma típica de patrimonialismo, que fez surgir uma burguesia contratista de Estado, existem outros mecanismos de favorecimento, como a obtenção de créditos subsidiados, a liberação de produtos não devidamente testados ou a obtenção de indenizações desproporcionais. Todos esses mecanismos levaram a uma verdadeira *colonização do Estado* por interesses privados e a uma perda do sentido público, afetando a eficácia e a autonomia necessária da máquina governamental para planejar as ações com uma visão que transcenda os interesses particulares.

- O patrimonialismo fiscal, repressivo e jurídico, isto é, a capacidade de manipular o sistema policial, fiscal e judiciário, utilizando mecanismos ilegais para assegurar a impunidade face à lei.

- Finalmente devemos mencionar um fenômeno que pode ser chamado patrimonialismo negativo, isto é, o uso do poder político para prejudicar ou efetivamente discriminar grupos sociais. No Brasil, a discriminação do sistema policial e judiciário contra os grupos mais pobres da população e particularmente contra os negros, tem sido uma constante histórica.[5]

O patrimonialismo deve ser diferenciado do corporativismo, embora muitas vezes sejam confundidos,[6] em especial quando se faz referência a um fenômeno "limítrofe", como o patrimonialismo do sistema político ou, para usar a terminologia de certos autores, o corporativismo de Estado.[7] Este — que, como veremos adiante, perdeu muito de sua atualidade — se refere ao uso do poder político para cooptar os setores emergentes da sociedade urbana industrial dentro de estruturas sindicais e partidárias fiscalizadas e/ou patrocinadas pelo Estado.[8] Este sistema foi importante no período que vai do Estado Novo de Getúlio Vargas até o golpe de 1964. A partir de então, perde cada vez mais sua relevância como sistema de controle e de cooptação social e política.

O corporativismo no Brasil,[9] entendido no sentido lato da formação de um forte espírito de corpo por parte de uma categoria profissional com capacidade de defesa de seus interesses e direitos (em termos de salários, benefícios e aposentadorias), adquiridos graças a sua posição privilegiada dentro do Estado ou de sua organização sindical, é particularmente intenso no caso do funcionalismo público. O corporativismo e o patrimonialismo convergem por vezes sob a forma de clientelismo, nepotismo e acumulação de vantagens exorbitantes para certos setores. Isto leva ao emprego de pessoal não qualificado, graças ao favorecimento político, a efetivação de amplos contingentes sem concurso público e casos de remuneração exorbitante via acumulação de benefícios. Os efeitos nocivos do corporativismo não devem diminuir a importância que tem o fenômeno como estabilizador social, como mecanismo de construção de comunidades com éticas profissionais específicas (p. ex., funcionários públicos, cientistas) e instrumento de defesa de conquistas sociais.[10]

O Estado racionalizador

Se a sociedade e o Estado brasileiros fossem simplesmente patrimonialistas, o Brasil estaria condenado ao atraso. Mas o país apresentou de 1930 a 1980 uma das maiores taxas de crescimento econômico do mundo. Esse crescimento apoiou-se num conjunto de iniciativas do

Estado — de ordenamento do espaço social, jurídico e econômico e de investimento em infra-estrutura e em setores chaves da economia — que permitiram a expansão da produção e das relações mercantis na sociedade e a criação de um importante setor de empresas públicas.

O papel qualitativamente novo que o Estado ocupa na expansão industrial a partir dos anos 30 retoma de alguma forma elementos de autonomia, profissionalização e uma visão do interesse nacional já presente na burocracia da República Velha e no Império. A política de manutenção dos preços do café através da queima de estoques é o fenômeno mais conhecido do período anterior ao intervencionismo industrial, mas o Estado brasileiro já ocupava em fins dos anos 20 importantes espaços nos setores de transportes, finanças e indústria. Como menciona Topik,[11] a burocracia da República Velha, embora clientelista, mantinha igualmente quadros altamente profissionais. Isto é particularmente verdadeiro no tocante à carreira diplomática e em especial às forças armadas, que assumiram desde o início da República o papel de encarnação e tutoras da pátria e dos interesses nacionais, responsáveis pelo "progresso" do país numa perspectiva fortemente influenciada pelo positivismo.[12]

A autonomia do governo federal está enraizada em suas origens coloniais, na medida em que este representava um poder externo que pairava acima dos interesses locais, em sua continuidade histórica (ao contrário do que ocorreu na América espanhola, por não haver sofrido qualquer ruptura ou desorganização devido à inexistência de guerras de independência), e na amplitude do espaço físico brasileiro e heterogeneidade de suas regiões e elites locais, frente às quais atuava como árbitro.

Embora o Estado racionalizador tenha se orientado fundamentalmente por uma lógica do crescimento econômico, relegando a solução dos problemas de desigualdade social e de acesso à educação e à saúde, foi um Estado com perspectiva nacional. Essa perspectiva nacional, ainda que permeada de interesses patrimonialistas, permitiu uma política externa de manutenção e expansão das fronteiras nacionais e, internamente, o desenvolvimento de uma ampla infra-estrutura, nacional, a formação de núcleos burocráticos modernos ligados ao esforço de industrialização e a institucionalização de um sistema de estatísticas e de investigação científica e tecnológica.[13]

À medida que foi avançando o processo de transformação social, foram surgindo dificuldades crescentes nas relações do Estado-empresário com os novos valores e interesses de amplos setores da sociedade:

• O Estado racionalizador brasileiro consistiu num esforço tecnocrático, muitas vezes associado a regimes autoritários e/ou a uma visão elitista da transformação social, e manteve pouca relação com a crescente mobilização democrática da sociedade e com a justiça social. A legitimação do Estado brasileiro, na segunda metade do século XX, fundou-se basicamente na sua capacidade de gerar crescimento econômico, com descaso pelas dimensões sociais, em particular a educação e a saúde. Como veremos, os símbolos da nacionalidade foram associados a riquezas naturais ou empresas públicas que assegurariam o crescimento econômico, e não a valores cívicos ou a uma ideologia transcendental que representaria o corpo social.

• O esforço de racionalização do Estado nunca chegou a livrar-se do patrimonialismo e, de certa forma, esteve associado a ele, levando-o a novas modalidades e práticas. Se por um lado o Estado avançou na criação de instituições modernas de administração, as camadas dirigentes e os políticos utilizaram suas posições para assegurar vantagens econômicas pessoais e cooptar uma clientela de apoio político através da oferta de empregos públicos e do favorecimento da sua própria base política.[14]

• Embora favorecidos pela expansão econômica os operários especializados e as classes médias emergentes não foram cooptados politicamente. Os sindicatos do setor público transformaram-se numa das bases de contestação ao regime autoritário e posteriormente de apoio aos partidos de oposição.

• O crescimento econômico dos anos 70, durante o regime militar, teve fortes componentes nacionalistas, que, se em certa medida favoreceram alguns setores empresariais em outros produziu dificuldades e problemas cada vez maiores de competitividade para o conjunto da economia. Em particular a política de reserva de mercado para o setor de informática, que, além de generalizar a prática do contrabando (possivelmente a maioria dos computadores pessoais na época era contrabandeada), implicou o atraso da modernização tecnológica do país.

• A partir dos anos 70, o principal instrumento de promoção do crescimento, a empresa pública, entrou em contradição com a principal base de sustentação política do regime, os setores dominantes da burguesia. Por um lado, no período Geisel o Estado começou a promover um projeto desenvolvimentista nacionalista que gerou uma reação da burguesia privada e liquidou boa parte do apoio que ela dava ao regime militar.[15] Por outro, o Estado contraiu uma dívida externa que acabou limitando sua capacidade de investimento e produziu gargalos para a economia como um todo. As empresas estatais, que tiveram crescimento exponencial durante o regime militar,[16] tornaram-se também incubadoras de sindicatos militantes, cujas greves adquiriram forte conotação política pelo fato de o patrão ser o próprio Estado.

Capitalismo

O Brasil é uma sociedade capitalista O mercado, a propriedade privada e as relações contratuais (em particular de compra e venda da força de trabalho, por tempo ou serviço) são os principais responsáveis pela organização do sistema de produção e distribuição de bens e das relações socioeconômicas. Embora o Estado racionalizador tenha desempenhado papel fundamental na promoção do financiamento e na criação da grande indústria, as relações privadas de propriedade e de troca são o elemento constitutivo central do tecido social, das classes sociais e dos atores econômicos.

O capitalismo é parte da sociedade brasileira Assim como em qualquer outra sociedade capitalista, o capitalismo no Brasil ergue-se sobre um conjunto de instituições sociais que não se reduzem nem se explicam por sua associação, utilização ou inserção na dinâmica capitalista. Nem o patrimonialismo nem o nível de desigualdade social, nem o Estado racionalizador nem a sociabilidade ou as formas de cidadania podem ser deduzidos do caráter capitalista da sociedade brasileira, embora todas essas instituições tenham sido influenciadas e remodeladas por sua integração/articulação com o processo de acumulação de capital.

Apesar da influência da CEPAL, que possuía forte sensibilidade social, nas últimas décadas o pensamento econômico excluiu cada vez mais as instituições sociais das análises do capitalismo brasileiro. A explicação para isso está em parte no próprio campo intelectual:

- No começo dos anos 70, sob o impacto da acelerada expansão do capitalismo brasileiro, desenvolveu-se uma escola de pensamento econômico centrada na lógica da acumulação de capital.[17] Essa perspectiva criticava e abandonava a tradicional interpretação cepalina da América Latina como uma sociedade "incompleta" ou "em transição" do ponto de vista capitalista. O mérito dessa crítica foi conferir à análise da sociedade brasileira o mesmo status teórico que o da análise de sociedades avançadas, deixando de lado os qualificativos de "sub" ou "periféricos" que nos situavam como pálido reflexo de outras realidades; porém, isso implicou uma perda de sensibilidade face às especificidades institucionais nacionais.

• A globalização e, em especial, os problemas criados pela dívida externa colocaram a problemática do desenvolvimento brasileiro dentro de uma análise de fluxos econômicos globais, na qual o país parecia haver perdido sua autonomia. De certa forma essa percepção diluiu a importância intelectual que teve o livro de Fernando H. Cardoso e Enzo Faleto sobre a dependência,[18] cuja tese central sustentava que a singularidade da história latino-americana residia no fato de que, apesar de a região ocupar um lugar subordinado na economia mundial, a soberania política criava um espaço de autonomia e indeterminação histórica.

• O patrimonialismo, apesar de sua enorme influência na sociedade, foi um tema muito pouco tratado na bibliografia contemporânea sobre o capitalismo no Brasil. Na visão liberal, o patrimonialismo era o problema: insuficiência de aplicação das regras de mercado; na visão da esquerda, era apenas um sintoma do problema: a exploração social e o poder dos grupos dominantes. A esquerda intelectual associava a crítica à corrupção com o pensamento de direita, e as próprias bases sociais do mundo acadêmico brasileiro, beneficiadas por certos privilégios corporativos, tinham possivelmente certo efeito inibidor na análise crítica do tema.

Talvez o nó górdio das análises do capitalismo brasileiro esteja na tendência a analisar as diversas instituições sociais como funcionais ou não para a acumulação de capital ou na idealização de um capitalismo e de uma burguesia dos quais o Brasil seria carente. Essa perspectiva supõe que o capitalismo possui características essenciais, dissociáveis do contexto histórico e social em que se desenvolve. Também supõe que o capitalismo seja uma totalidade coerente, harmônica e auto-suficiente, independente das instituições e sistemas culturais originados antes ou durante o processo de desenvolvimento capitalista.

O paradoxo intelectual é que, enquanto os economistas brasileiros enfatizavam a "pureza" do capitalismo brasileiro, as ciências sociais nos países avançados (re)descobriam como o mundo mercantil se enraizava e se sustentava em outras instituições "externas", como valores tradicionais, redes sociais ou orientações religiosas. Isso levou vários autores a falar em *capitalismos*, no plural, e a construir, através do estudo comparado, tipologias de sociedades capitalistas sustentadas na diversidade das instituições sociais locais.[19]

Desigualdade, heterogeneidade e estrutura social

Embora exista importante bibliografia sobre a desigualdade e a mobilidade social no Brasil,[20] o debate sociológico sobre a estrutura de classes/estratificação social no Brasil contemporâneo é bastante limitada. Interessa aqui indicar as características da estratificação social que interagem com as outras instituições mencionadas neste trabalho:

O acesso diferenciado a bens de consumo coletivo é um elemento central na composição da desigualdade social no Brasil A desigualdade social é geralmente medida em termos da diferença de renda entre indivíduos ou famílias. Sem dúvida essa diferença é fundamental, pois mede o poder aquisitivo de bens e serviços oferecidos no mercado. Contudo, não reflete o acesso diferenciado a bens e serviços coletivos geralmente assegurados pelo Estado. Entre eles podemos indicar o acesso a água corrente, transporte público, eletricidade, telefone, esgotos, segurança, moradia, coleta de lixo, saúde e educação. Assim, é infinita a distância no meio urbano moderno entre uma pessoa alfabetizada e uma não alfabetizada, no sentido de que a instrução afeta todas as possibilidades de orientação e a qualidade de vida e não é economicamente quantificável. E o Brasil ainda tem quase um terço da sua população com primário incompleto (boa parte analfabeta ou quase). Da mesma forma, o tema da segurança, o risco de ser atingido por uma bala perdida ou ter um filho com grande chance de entrar para o tráfico de drogas por viver numa área marginal, também não se pode traduzir em termos econômicos.

O acesso diferenciado a serviços de consumo coletivo existe também nos países avançados, particularmente no tocante à saúde, segurança e educação. A especificidade brasileira está na permanência de enormes lacunas, inclusive no que diz respeito aos serviços de infra-estrutura básica, a violência e desproteção nos bairros mais pobres e desnível educacional. Sem dúvida o crescimento demográfico e a explosão dos grandes centros urbanos dos anos 60, 70 e 80 potencializaram os problemas, que foram agravados pelo descaso que a área social teve no regime militar. A política financeira habitacional dos anos 70, que subsidiou fortemente os usuários do sistema (e as construtoras), foi praticamente orientada para os setores de classe média.

A transição demográfica, que se consolida em fins dos anos 80, iguala a taxa de crescimento da população aos índices dos países praticamente avançados. O novo padrão de crescimento urbano, com relativa estabilização das grandes metrópoles, e o interesse maior dos governos estaduais e municipais eleitos democraticamente em responder às demandas da população ajudaram a melhorar bastante a qualidade de serviços de infra-estrutura.

A desigualdade social tem um forte componente espacial A população mais pobre está fortemente concentrada nas regiões Norte e Nordeste e na zona rural (proporcionalmente maior nessas regiões),[21] que permaneceram à margem dos circuitos da economia mercantil. O consenso nas ciências sociais no que diz respeito à crítica ao processo de modernização conservadora da agricultura, que expulsou milhões de trabalhadores do campo, desconhece certos aspectos positivos a médio e longo prazos da maciça migração da população rural para as grandes cidades a partir dos anos 60 (o que não anula o fato de que a grande propriedade teve um papel funesto na história brasileira como produtora de desigualdade e opressão). Esse processo permitiu acelerar a transição demográfica (as populações rurais continuam a ter uma taxa de natalidade mais alta que as urbanas), concentrou populações dispersas e com baixa capacidade de mobilização, aumentando seu poder de reivindicação, e facilitou o acesso a serviços — mesmo precários — de saúde e educação. A distribuição espacial desigual da pobreza cria tensões para o sistema político na medida em que exige políticas regionais compensatórias, tarefa árdua pela dificuldade de transferir recursos para regiões com baixa capacidade de gestão autônoma, e onde os altos níveis de desigualdade favorecem práticas patrimonialistas.

A desigualdade social no Brasil tem um forte componente racial e de gênero Os dados estatísticos e os estudos sociais mostram claramente que os negros na sociedade brasileira se concentram nos setores mais desfavorecidos da população e que são na prática discriminados no mercado de trabalho — seja no acesso ao emprego seja na remuneração —, no sistema judiciário e pela polícia. Embora tenha havido algumas propostas de ação afirmativa (*affirmative action*), até o momento elas não prosperaram.[22] Além de entraves constitucionais e das precauções face aos problemas levantados pela experiência americana, esse tipo de atuação suscita uma questão particular no contexto da grande miscigenação brasileira: como definir quem é negro?[23] Mas, para além desse problema prático, cabe aqui ressaltar que frente ao modelo americano, de formação de identidades políticas através do associativismo e da afirmação dos direitos cívicos de minorias, ou do modelo europeu, no qual a legitimidade de uma minoria passa por sua relação com e contraposição à ideologia do que seja nacional, a cultura brasileira se constituiu, como veremos, em torno da abertura para o novo e a absorção da diversidade dentro de um sincretismo religioso e cultural, em grande parte à margem da relação com o Estado.[24]

A partir dos anos 70 houve uma entrada maciça das mulheres no mercado de trabalho, que constituem hoje mais de um terço da força de trabalho no país. Embora este setor ainda sofra discriminação no mercado de trabalho, tanto na remuneração como no acesso a posições de chefia, o nível educacional da mulher no Brasil tende a ser mais elevado do que o dos homens. Considerando a correlação positiva entre nível educacional e perspectivas de emprego e remuneração, o horizonte da mulher no mercado de trabalho é bastante promissor.[25]

Um eixo central da estratificação social é o acesso desigual aos bens de consumo coletivo administrados pelo Estado Como indicamos, por um lado a região e o lugar onde se vive definem o acesso a água corrente, esgotos, coleta de lixo, eletricidade e a proximidade de um posto de saúde pública ou escola. Também definem o tipo de cobertura policial e de (des)proteção face à ação de grupos marginais. Por outro lado, a relação com o Estado estrutura o tipo de emprego. Podemos definir pelo menos três amplas categorias de empregados (apesar da enorme diversidade e estratificação dentro de cada uma) que reproduzem no setor assalariado as relações de privilégios/proteção/marginalidade em relação ao Estado, determinando uma série de orientações e interesses comuns: a) os funcionários do setor público, que inclui uma gama extremamente variada de salários, mas que compartilham a garantia de estabilidade no emprego e regras de aposentadoria mais favoráveis que no setor privado; b) os assalariados empregados no setor "formal" do mercado de trabalho privado, que são inscritos no sistema de previdência social e trabalham em diversos tipos de empresas: companhias que se sustentam em contratos privilegiados com o setor público, empresas privadas oligopolistas, empresas privadas protegidas pela legislação contra a competição estrangeira, empresas com e sem acesso a financiamento público, pequenas e médias empresas com alta e média produtividade, todo esse universo mantendo formas diversas de organização das relações de trabalho; c) os trabalhadores não inscritos na proteção social, um universo que tende a crescer e que atualmente já inclui mais da metade da força de trabalho, em geral assalariados de empresas menores com baixa produtividade e com salário médio inferior ao do setor formal, a maioria dos trabalhadores do setor rural, trabalhadores domésticos ambulantes etc.

É importante notar que, se a estrutura de classes no Brasil tem no Estado um de seus principais critérios de diferenciação, esta situação se reproduz em maior ou menor medida em todos os países capitalistas. Infelizmente, isso é pouco reconhecido na bibliografia sobre o tema, que dá ao Estado um papel secundário na definição das classes sociais. Parte dessa carência teórica pode ser encontrada no tradicional papel de superestrutura dado ao Estado na teoria marxista e, nas últimas décadas, no lugar central ocupado por sociólogos anglo-saxões no desenvolvimento da teoria das classes sociais, os quais tomam por referência suas próprias sociedades, onde o Estado ocupa um lugar ideológico secundário.

A lógica institucional

A história social, cultural e política do Brasil aponta para dois mecanismos ou características da dinâmica de seu sistema institucional: por um lado, a fragilidade e rápida obsolescência a que são condenadas as novas instituições pela tendência a gerar vazios — na linha de comando, na aplicação efetiva de suas funções — ou à decadência — por falta de recursos materiais ou políticos de sustentação ou por uso patrimonialista — e, por outro lado, a enorme disposição e flexibilidade na criação de novas alternativas, geradas muitas vezes para ocupar estes vazios, sem chegar a substituir ou eliminar totalmente as velhas instituições. Esta foi em boa medida a história do Estado brasileiro, em seus constantes esforços de modernização.

Conforme o ponto de vista em que se coloque o observador, o Brasil pode impressionar positivamente pela constante renovação e espaço para novas iniciativas (por exemplo, se comparado com os países europeus) ou produzir um efeito negativo, pela falta de solidez e continuidade de qualquer esforço institucional. Essa fragilidade do sistema institucional, pela flexibilidade com que são tratadas suas normas, é uma fonte tanto de criatividade e adaptabilidade como de sua desmoralização.

Cidadania e representação política

Num famoso artigo, Roberto Schwartz[26] fala das instituições liberais no Brasil como "idéias fora do lugar", já que as práticas sociais eram opostas aos princípios enunciados formalmente no sistema jurídico brasileiro. Embora essa imagem tenha tido um importante papel crítico, quando aplicada indiscriminadamente, em particular ao período contemporâneo da história brasileira, ignora a importância que as instituições da cidadania têm na sociedade brasileira, além de idealizar uma situação, inexistente em outros lugares, de completa adequação entre os princípios jurídicos e as práticas efetivas.

A cidadania moderna é produto de um bricolage histórico[27] em que se confunde uma dimensão normativo-utópica e outra analítico-descritiva e que, segundo as diversas tradições nacionais e períodos históricos, enfatiza direitos e obrigações diferentes. A cidadania refere-se sempre a uma forma particular de pertencer a uma comunidade e de acesso a uma série de direitos. Esta pode significar, por exemplo, na tradição grega, o direito de participar ativamente na vida comum da cidade; no mundo romano, o acesso a certos privilégios jurídicos e políticos; na Idade Média, o governo autônomo das cidades; na tradição anglo-saxônica, a igualdade diante da lei que protege a propriedade e a liberdade individual; ou a soma desses componentes a valores substantivos de justiça social, tais como apresentados nos ideários da revolução francesa ou russa.

A apropriação privada dos recursos públicos e a obliqüidade social no funcionamento da máquina do Estado, particularmente de seu sistema policial, fiscal e jurídico, mostraram que o sistema de cidadania, entendida como um conjunto de direitos compartilhados em pé de igualdade pelos membros de uma comunidade nacional, seja no Brasil uma realidade particularmente frágil e parcial. Inclusive o uso dos conceitos de subintegrado, referido aos grupos excluídos da população, e sobreintegrado, referido aos grupos privilegiados,[28] pode ser enganador, pois supõe tanto uma dicotomia que na prática não existe como representa uma contradição em termos: cidadania refere-se a um sistema de igualdade diante da lei. Na realidade, não há "sub"cidadãos nem "sobre"cidadãos, pois, apesar de o impacto ser desigualmente distribuído, toda a população de alguma forma sofre o descontrole e ineficácia do aparato judiciário e repressivo (o que faz com que todos os brasileiros sejam, de certa forma, não-cidadãos — como veremos adiante, é inclusive a classe média a que mais sofre certo tipo de violência policial).

Apesar de suas inúmeras limitações práticas, a cidadania, como horizonte político, constitui o sistema de referência do mundo desejável da população brasileira. O brasileiro sente unanimemente — segundo todas as pesquisas de opinião — que os principais problemas do país são a falta de justiça social e a impunidade dos poderosos, o que supõe como referência valores democráticos que têm em parte suas raízes no discurso religioso, mas também — só para mencionar os processos mais recentes — a experiência da luta contra a ditadura, a formação dos partidos de oposição, a mobilização contra a corrupção do presidente Collor, a luta sindical e o discurso dominante nos meios de comunicação de massa. Nesse sentido, uma leitura atenta da experiência política dos grupos populares deve considerar a perda de confiança no meio político como uma atitude que até certo ponto incorporou uma visão crítica dentro de uma perspectiva cidadã. A frustração e a desmoralização das instituições públicas, por ser a lei aplicada contra uns (muitas vezes por pequenos delitos) enquanto os grandes fraudadores dos recursos públicos permanecem impunes, expressam a descrença na ordem política, desde uma perspectiva de interiorização de valores democráticos.

Sem dúvida a cidadania no Brasil continuará a ser mais uma utopia que um conceito descritivo se não se cumprirem certas condições de igualdade social, especialmente em termos de acesso a bens coletivos, como educação, emprego e previdência. São condições para a participação ativa no mundo moderno, de inserção produtiva na vida social e do sentimento de pertencimento a uma comunidade com um destino compartilhado.

O Brasil, como todas as sociedades modernas, teve que encontrar soluções próprias de criação de instituições capazes de minimizar e organizar o conflito social em torno da distribuição da riqueza social dentro da ordem capitalista liberal. Se no modelo europeu desempenharam papel central as organizações sindicais e partidárias, enquanto na tradição norte-americana predominou a fragmentação social, o individualismo e o agrupamento *ad hoc* de grupos de interesse, em todo caso uma análise mais detalhada mostrará a importância de instituições culturais, como a educação, o nacionalismo ou a religião, e do Estado para a consolidação da ordem democrática.

No sistema político brasileiro, um dos principais mecanismos de minimização do conflito social foi a cooptação das elites através da distribuição de emprego público, prebendas e benefícios. Este sistema funcionou tanto em relação aos grupos sociais emergentes, através do sistema sindical que dava acesso a enormes recursos graças ao imposto sindical obrigatório, as classes médias que ascendiam aos núcleos de direção do Estado, como em relação aos grupos dominantes, atrelados ao Estado individualmente pela obtenção de empréstimos subsidiados e proteção aduaneira e institucionalmente pela sustentação em estruturas de representação igualmente dependentes de impostos recolhidos obrigatoriamente.

A problemática da representação político-partidária no Brasil foi amplamente discutida na bibliografia sobre o tema,[29] cabendo ressaltar em especial as propostas de modificação da legislação vigente sobre fidelidade partidária (inexistente no momento, sendo comum parlamentares mudarem várias vezes de partido em uma só legislatura, o que obriga a negociar cada voto individual), o sistema eleitoral (com propostas a favor do voto distrital ou misto) e o sistema de governo (parlamentarismo *versus* o atual presidencialismo). O que está em jogo é uma profunda transformação institucional que limite o sistema atual de *apropriação privada* da política para que o parlamentar deixe de ser simplesmente um lobista de interesses particulares, tornando-se também porta-voz de um projeto societário.

No Brasil os mais diversos fatores conspiram historicamente contra a consolidação de partidos representativos dos setores mais pobres da população, desde a falta de tradição camponesa à mobilidade social e espacial da população e uma fronteira em expansão,[30] passando pelas tradições patrimonialistas e corporativas e a heterogeneidade social. As práticas patrimonialistas dos políticos, por sua vez, agravaram-se no período militar, pois o regime compensava o apoio político do Congresso (que os militares mantiveram aberto depois de destruir o sistema partidário anterior) com favores clientelísticos (licença para emissoras radiofônicas, empreguismo, recursos para "fundações" controladas pelos próprios parlamentares etc.).

O patrimonialismo e o corporativismo no Brasil envolvem tanto a direita quanto a esquerda. O próprio Partido dos Trabalhadores (PT), que é o fenômeno mais importante de renovação do campo político brasileiro, esteve amplamente associado à defesa acrítica dos interesses corporativos do funcionalismo e das empresas públicas, com um discurso nacionalista desorientado face aos desafios da globalização, da reforma do Estado e à transformação do sistema produtivo e tecnológico.

Um dos pilares do sistema partidário no Brasil pós-democratização é o PFL, subproduto do grupo de políticos que apoiou a ditadura militar e dirigido por figuras altamente competentes que se reciclou permanentemente de forma tal que foi capaz de combinar as práticas patrimonialistas dos seus parlamentares com o apoio à liberalização da economia.

O problema básico que se coloca para a construção de projetos societários a partir da representação político-partidária reside, como veremos adiante, nos processos sociais que desgastam a constituição de núcleos intermediários de interesses (em particular sindicatos), que fragmentam as classes médias em grupos sem maior unidade interna e formados cada vez mais de costas para o Estado; na existência de demandas muito heterogêneas, incluindo uma massa de pessoas que devem ser integradas às condições básicas de experiência da cidadania (escolarização, acesso a serviços básicos, à justiça); e na fragilidade da máquina estatal colonizada por interesses privados.

Sociabilidade e padrões culturais

Na década de 50 o Brasil entrou num processo acelerado de urbanização, mercantilização das relações sociais, mobilidade social e integração no mundo do consumo, com o conseqüente desaparecimento dos sistemas tradicionais de autoridade e poder. Essas transformações sociais consolidaram valores e aspirações individualistas, que em princípio possuem os traços gerais apresentados na literatura contemporânea sobre o tema da individualização: desintegração das formas tradicionais de autoridade, incerteza, novas identidades coletivas organizadas fora do mundo do trabalho. Os processos de individualização adquirem certas características comuns em todas as sociedades modernas, mas a bibliografia sobre o tema diminui ou desconhece o papel que a sociedade nacional continua a desempenhar na orientação prática, cognitiva e afetiva dos indivíduos. Se a tradição deixa de ser um princípio de autoridade, a diferença entre os sistemas institucionais nacionais e suas tradições culturais, no sentido amplo do mundo *take for granted* de expectativas, valores, gostos e atitudes compartilhados, continua sendo fundamental e distinguindo japoneses de franceses ou alemães de brasileiros.

Os indivíduos não apenas possuem um *habitus*, no sentido genérico de interiorização e corporificação de atitudes e conhecimentos da classe e grupo social específico a que pertencem, como são capazes de manter uma interação social ativa e criadora a partir da capacidade de mapeamento cognitivo-afetivo do conjunto da sociedade. Essa capacidade de mapeamento e manipulação do mundo social, se por um lado é afetada em termos práticos e intelectuais pela posição que cada indivíduo ocupa no sistema social, por outro pressupõe um mundo comum de valores, códigos e conhecimentos compartilhado com o resto da sociedade, que constitui a forma de sociabilidade de uma nação (ou qualquer outro sistema ou subsistema social). Se os mapas cognitivos, como qualquer conjunto prático de regras, só podem ser transmitidos através da vivência (*on the job training*) ou expressos através de sucedâneos da experiência, como a literatura ou o cinema, o sociólogo pode tentar identificar as principais instituições que formam o substrato que permite saber como *conduzir-se/relacionar-se* em dada sociedade.[31]

Nenhum sistema de valores sociais, no sentido do conjunto de crenças morais e normas práticas que ajudam a conduzir-se na vida social, possui um caráter coerente ou lógico. Essa é uma ilusão ligada à teologia, à filosofia e a certos sistemas de explicação da realidade social que pressupõem ser possível entender a conduta humana em termos de racionalidade e/ou fidelidade a um único fim. A complexidade da natureza humana e da vida social exige uma maleabilidade enorme nas alternativas de condutas possíveis, abertura na capacidade de aprendizagem e criatividade, que se expressa no sentimento de liberdade, isto é, a vivência de toda decisão como necessidade de selecionar uma resposta dentro do variado repertório de racionalizações possíveis apresentadas pela cultura e elaboradas pela experiência pessoal.

Em todo patrimônio cultural de um grupo social é possível encontrar histórias que justificam o amor e o ódio, o egoísmo e a solidariedade, a abertura para o próximo e a xenofobia, a paz e a guerra, a curiosidade e o medo. Todo sistema de sociabilidade possui facetas contraditórias que expressam as diversas instituições e tradições de uma cultura, tal como vivenciadas por cada grupo social e indivíduo. Apesar das desigualdades sociais, existem elencos de valores e expectativas comuns que surgem da convivência num mesmo ambiente, em grande parte compartilhado por toda a população, a despeito das desigualdades sociais. Supor a existência de um código comum de sociabilidade não implica que estejamos introduzindo um conceito de caráter nacional que homogeneíza e iguala tudo nem que inexistam importantes subculturas e diferenças entre as classes sociais. Formas compartilhadas de sociabilidade são mecanismos necessários, inclusive para reproduzir as diferenças sociais.

A sociabilidade brasileira, especialmente a urbana, pode ser caracterizada por um código de sociabilidade desenvolvido sob o impacto de processos de longa duração e particularmente pela influência das diversas instituições mencionadas anteriormente, com aspectos complementares e contraditórios. Entre suas principais características podemos indicar:

A sociabilidade brasileira tem frágeis componentes cívicos, isto é, uma baixa identificação com os símbolos políticos do Estado e a noção de interesse público A sociabilidade brasileira apresenta como traço marcante a distância entre a identidade coletiva de ser brasileiro e os símbolos políticos, inclusive partidários, ou cívicos. A falta de formação cívica tem sua fonte principal no baixo nível de escolaridade — geralmente a base mais importante, nas sociedades modernas, de formação de valores cívicos — e na visão crítica do Estado como fonte de enriquecimento ilícito. Como indica Hobsbawm,[32] a escola foi na Europa a principal fonte de formação da ideologia nacional. Assim, o Estado brasileiro, apesar de ter demonstrado até os anos 70 uma enorme eficácia econômica, não chegou a constituir uma cultura cívica e nacional(ista) — como, por exemplo, na Argentina, Uruguai ou Chile — devido ao abandono do principal instrumento ideológico do Estado nacional: a escola. O patrimonialismo e a impunidade também contribuíram para a falta de identificação com valores cívicos e a noção de um espaço público comum e a uma relação clientelística e paternalista com o poder. A partir de uma baixa estima pelo Estado se desenvolve uma cultura de falta de respeito e burla generalizada à lei. Assim, a cultura brasileira e a formação de identidades funcionam em certa medida de forma independente do sistema político. Se por um lado o desligamento entre a identidade coletiva de ser brasileiro e os símbolos políticos produziu e está associado a vários traços antidemocráticos da sociedade (falta de instrução, desigualdade social), por outro permitiu o desenvolvimento de uma cultura não xenófoba e uma vida política pouco permeável a discursos nacionalistas conservadores ou de intolerância.

O patrimonialismo brasileiro teve como uma de suas conseqüências gerar uma relação promíscua entre o espaço (que deveria ser) público e o privado. Como conseqüência, a sociabilidade brasileira tem uma percepção limitada de um espaço público diferenciado do privado. O espaço público é visto ou como extensão do espaço privado no qual se desconhecem a existência e a convivência com outros interesses ou é tratado como terrra de ninguém, espólio a ser capturado ou bem que pode ser dilapidado. Sem dúvida a falta de instrução, a sensação de impunidade e a prepotência dos grupos dominantes convergem para o debilitamento da formação de um espaço público e fortalecem uma atitude de desacato à lei. A sociologia e a antropologia jurídica mostram como os costumes se transformam em leis e as leis em costume. No Brasil, o costume é não levar as leis a sério.[33]

A sociabilidade brasileira é gregária, fundada na inserção em redes e, por extensão, na valorização dos contatos pessoais É claro que a noção de uma sociedade individualista é apenas um tipo ideal, inexistente no mundo real, pois em todas as sociedades modernas as redes sociais e os laços de solidariedade continuam sendo um elemento central nas possibilidades de inserção no mercado e na sociedade. No caso brasileiro, a participação em redes adquire uma importância ainda maior pelo caráter patrimonialista da sociedade. A valorização da rede é acompanhada de um forte elemento corporativo e, em geral, da valorização dos interesses do grupo em relação a uma maior individualização ou identificação com valores universais, o que afeta inclusive a individualização intelectual e o debate no meio acadêmico. Igualmente, é uma cultura pouco propensa à confrontação ou à crítica aberta, já que a pessoa nunca sabe quando poderá "precisar" da outra num sistema cuja base de funcionamento é o favor e a boa vontade.

A sociedade brasileira é religiosa Embora difícil de conceituar, a religiosidade popular brasileira é a principal fonte de esperança, resignação e confiança no futuro da quase totalidade do povo. Essa religiosidade, embora em geral autodefinida como de tradição católica, tem características próprias, com uma forte influência de religiões africanas e uma presença cada vez maior dos grupos evangélicos. Predomina assim um certo "pragmatismo" religioso, que permite a circulação, às vezes simultaneamente, por várias religiões e favorece o sincretismo. A diversidade e a tolerância religiosa foram se afirmando graças à fragilidade da Igreja católica e sua capacidade adaptativa, a vitalidade dos cultos africanos[34] e o surgimento de uma cultura urbana com uma religiosidade pragmática e multifacetada.

A religiosidade brasileira, assim como a cultura, está "desligada" da cultura política, o que dificulta a integração teórica dos ricos estudos sobre o tema da religião e da religiosidade popular na análise da dinâmica da sociedade brasileira. Por "desligamento" da religião face ao sistema político entendemos o fato de que o processo de constituição das instituições políticas modernas não se deu nem pela integração nem pela contraposição ao discurso religioso. Em outros países, como por exemplo os de tradição republicana, a afirmação de valores cívicos se deu em contraposição e luta com a Igreja e a tradição religiosa, enquanto na tradição anglo-saxônica as idéias de pacto cívico e de valores constitutivos da sociedade fundaram-se em valores religiosos.[35] O "desligamento" está associado por sua vez, como veremos, à limitada capacidade do Estado brasileiro de constituir uma cultura cívica e colonizar a vida social a partir de um sistema de valores universais.[36]

Em que medida as religiões afro-brasileiras e o catolicismo popular — aquelas através da valorização das relações e sentimentos interpessoais (ódio, inveja, amor, ciúme), este por meio da esperança milagrosa e a resignação — fortaleceram por afinidade eletiva a cultura patrimonialista e em que medida são o subproduto desta ou foram fortalecidas por ela é uma questão complexa que exige investigações históricas mais precisas. Contudo, podemos prever que uma renovação da cultura cívica brasileira deverá conter, reelaborar e sublimar a religiosidade que atravessa a sociabilidade brasileira.

A sociabilidade brasileira apresenta práticas racistas, apesar de ser ideologicamente contrária ao racismo Como vimos, a desigualdade social no Brasil está associada a práticas racistas. Assim sendo, por que não existe no Brasil um importante movimento negro que lute por uma identidade separada e diferenciada? Por que a África, embora valorizada nos cultos religiosos de origem africana e na música, não ocupa um lugar particular de distinção e diferenciação? Por que, em suma, o movimento negro permanece minoritário? Uma linha de resposta proposta pelo movimento negro e por alguns cientistas sociais, geralmente norte-americanos, é que a alienação, a opressão, a falta de cultura democrática e o racismo interiorizado ainda conspiram contra a formação de uma consciência negra.[37] Embora esses elementos não possam ser descartados, parece-nos mais simples reconhecer a especificidade da cultura brasileira, que acabou criando uma dinâmica de tolerância, sincretismo e absorção da diferença, sem eliminar o preconceito na prática. A vitalidade da cultura brasileira está numa sociabilidade que se manteve em ampla medida à margem do processo de enquadramento e normatização cultural do Estado nacional. As mais diversas manifestações da cultura brasileira contemporânea, em particular na segunda metade do século XX, afirmaram abertamente as raízes africanas da cultura nacional. Embora a vida social brasileira tenha "na prática" componentes racistas, não existe uma ideologia sistemática de estigmatização e tampouco o racismo, na segunda metade do século, foi assumido direta ou indiretamente por qualquer grupo político. Apesar de maltratado, o negro brasileiro não sente que a cultura brasileira o expulsa, levando-o a buscar seu "lar" original. Além disso, a desvalorização geral do passado e a tendência para o futuro características da ideologia brasileira dominante retiram do movimento negro o marco referencial dentro do qual elaborar o período da escravidão.

A sociedade brasileira está voltada para o futuro[38] Um dos mitos de origem do Brasil e que passou a predominar no século XX com a aceleração do crescimento econômico é que o país, apesar da herança do passado — visto como um peso devido à visão negativa do colonizador português, do negro e do indígena (que seriam as três raças constitutivas do Brasil) — tem um futuro promissor. O peso do passado seria superado através de um branqueamento da população, da miscigenação e da realização dos potenciais do país configurados particularmente no seu tamanho e nas suas riquezas minerais.[39] Estar voltado para o futuro significa uma atitude particularmente aberta em relação ao estrangeiro, que em outras culturas é visto como fonte de contaminação e deformação das raízes nacionais, desvalorizadas no caso brasileiro. Mas também significa um certo descaso em relação ao passado, a falta de cultivo da memória nacional. Talvez esse voltar-se para o futuro, somado à inexistência de valores igualitários transmitidos pelo sistema educacional, tenha gerado um dos fenômenos que mais chamam a atenção na cultura popular brasileira: a baixa animosidade para com a riqueza, a aparente falta de ressentimento/inveja ante a ostentação de luxo, que são a base de culturas de oposição/rebelião social.

A sociedade brasileira contemporânea é autoritária, exibindo profundas desigualdades sociais, mas pouco hierárquica Essa característica deve ser relacionada em parte a uma certa informalidade típica da sociedade brasileira deste fim de século XX, mas também à falta de padrões cívicos adquiridos em casa ou na escola. A socialização de boa parte da população se deu no trabalho, isto é, num contexto baseado no poder e na autoridade. Boa parte da população urbana simplesmente nunca chegou a ser socializada nas formas de tratamento cívico. A valorização das hierarquias sustenta-se na tradição ou é incorporada via sistema educacional, que cria um novo sistema de valores e ensina a "respeitá-los". Comparada a sociedades muito mais igualitárias, como por exemplo a francesa ou a inglesa, sem mencionar a japonesa, a sociabilidade brasileira apresenta na sociabilidade imediata traços igualitários, ainda que por *default*, por não reconhecer as hierarquias.

Na sociedade moderna o sentimento de igualdade é adquirido na escola, através da convivência e socialização num universo simbólico comum. Embora o sentimento de igualdade esteja penetrando o Brasil cada vez mais, a desigualdade simbólica se expressa e reproduz numa mão-de-obra barata disponível para serviços pessoais, numa sensação difusa de medo e falta de proteção por parte das pessoas mais pobres e numa distância social e atitudes prepotentes por parte dos grupos mais ricos, apesar do ou combinado com o calor e a informalidade das relações humanas.[40] A pobreza, sem a mediação de instituições próprias de representação, é um caldo de cultura para o paternalismo e atitudes demagógicas de valorização simbólica da "preocupação e respeito para com o pobre".

A sociedade brasileira é violenta Apesar de suas características gregárias e lúdicas, a sociedade brasileira é extremamente violenta. A violência é múltipla e tem como fonte principal o abandono secular ou a presença mínima do Estado em regiões onde se concentram os pobres e excluídos. Essa violência é particularmente sentida pelos moradores de favelas nas grandes cidades, dominadas por quadrilhas de traficantes de drogas em guerra (e em associação delituosa) com a polícia, e nas regiões rurais mais pobres onde os fazendeiros fazem a lei. A violência aumenta e assume aspectos dramáticos nas prisões, com grande número de detidos amontoados em celas sem as mínimas condições, sofrendo uma degradação moral e física da qual dificilmente saem aptos a integrar-se na vida em liberdade. A violência tem raízes também na própria polícia militar — que consegue manter um status legal privilegiado graças às reformas introduzidas pelo governo militar e não modificadas pela Constituição de 1988 — onde é rotina o abuso da prisão arbitrária, em que desempenham papel central os preconceitos racistas, a tortura e o assassinato de delinqüentes presumidos. A violência chega às classes médias e altas, por sua vez, através da extorsão, dos assaltos e seqüestros. Existem obviamente outros tipos de violência, como a dos grupos populares que volta e meia lançam mão do "linchamento" para fazer justiça por conta própria, a dos jovens de classe média que dirigem alcoolizados e fazem *pegas* e disputas confiando que sairão impunes ou a violência contra as mulheres e crianças. Mas é o abandono pelo Estado dos espaços urbanos, que passam a ser controlados por grupos com capacidade de corromper e intimidar, o fenômeno social mais preocupante, na medida em que cria mini-Estados e uma psicose do medo, com os quais pode iniciar-se uma fragmentação da sociedade.

A sociedade brasileira é lúdica Embora essa afirmação exigisse uma longa digressão e comprovação, não pode deixar de ser feita. Tal componente lúdico talvez tenha sua fonte principal na contribuição africana e indígena, mas também expressa o lado positivo do baixo nível de disciplina dos corpos e das mentes que a Igreja Católica tradicional e a escola conseguiram impor. Também colabora para a formação dessa sociabilidade lúdica a desvalorização do passado, principal fonte de angústias, remorsos e culpas, assim como a importância dos contatos pessoais, elemento básico para a sobrevivência numa sociedade patrimonialista, gerando o prazer da convivência e a valorização do conhecimento de outras pessoas. Esse é, talvez, o traço cultural que mais atrai e chama a atenção dos estrangeiros que visitam o Brasil ou se estabelecem no país.[41]

II

As conseqüências sociais da inflação

As reformas realizadas pelo Estado brasileiro a partir dos anos 90 são explicadas na bibliografia sobre o tema sob dois ângulos diferentes. Para alguns, entre os quais se inclui o discurso dos governos nesta década, trata-se de um processo determinado pela lógica de gerar melhores condições para o funcionamento do mercado e uma atuação mais racional do Estado, dados o esgotamento do modelo econômico anterior com a crise fiscal do Estado e a necessidade de aumentar a competitividade da economia face ao processo de globalização.[1] Para outros, esta transformação segue os interesses e imposições dos grupos dominantes nos países centrais, particularmente dos setores financeiros.

As duas perspectivas, a nosso ver, apontam para fenômenos centrais, mas pecam por uma tendência a reduzir a realidade social a interesses ou à racionalidade econômica. Os interesses e a racionalidade econômicos só adquirem sentido e se viabilizam politicamente na medida em que se cristalizam em amplas alianças sociais e propõem valores e ideologias com os quais se identifica parte importante da população, inclusive pelo esgotamento simbólico do modelo até então dominante. Essas perspectivas, ao enfatizar como fonte da mudança social as dinâmicas do Estado e/ou do mercado, deixam à margem os processos societários que constituem as instituições e valores do sistema social e que estão na base da vida política e econômica.

Inflação e crise do Estado

A inflação e os diversos planos de estabilização afetaram de forma decisiva as condições imediatas em que se deram os processos de democratização, privatização e abertura econômica. Além do impacto imediato, a inflação teve conseqüências profundas e de longo prazo na formação de valores e expectativas, passando a ocupar um lugar central no discurso político pós-inflacionário.

A literatura econômica sobre o tema da (alta ou hiper) inflação é extremamente rica e aqui só nos interessa recordar que a inflação expressa os conflitos distributivos da sociedade através do descontrole monetário, pela impossibilidade e/ou desinteresse do Estado em impor uma disciplina fiscal. Existe também um consenso de que o efeito mais nocivo da inflação é que seus efeitos negativos são sofridos particularmente pelos grupos mais pobres da população. Entre outros efeitos sociais podemos enumerar o enorme desperdício de tempo dedicado a administrar o aumento permanente de preços, a hipertrofia do setor financeiro (que com o fim da inflação cortou quase pela metade a quantidade de seus empregados), a dificuldade de planejar despesas — seja no nível do orçamento familiar, seja no da empresa ou do Estado —, a criação de uma cultura especulativa e rentista, na medida em que é no setor financeiro, ou no departamento financeiro, inclusive das empresas industriais, que se gerava o lucro, e a irresponsabilidade orçamentária do Estado —, pois bastava adiar os pagamentos para diminuir drasticamente o valor devido.

À medida que se transforma num fenômeno de longa duração, a inflação gera uma cultura própria e um *know-how* específico, particularmente no âmbito da conduta econômica dos agentes. Nesse jogo os proprietários de capital obtinham seus lucros através dos elevados juros e margens de lucro, as classes médias se protegiam utilizando mecanismos a que tinham acesso via sistema financeiro (por exemplo, usando vários cartões de crédito com datas de vencimento diferentes, de modo que as compras eram sempre pagas pelo menos um mês depois, ou depositando o dinheiro por prazos curtos mas altamente rentáveis), enquanto os setores mais pobres se achavam basicamente indefesos, vendo seus rendimentos se desvalorizarem a cada dia e os aumentos de salário nunca acompanhando as perdas registradas. O valor real dos salários tendia a ser tão rapidamente corroído que isso favorecia o emprego quantitativo de mão-de-obra, sem preocupação com a formação dos funcionários e/ou com o aumento da produtividade e o desenvolvimento tecnológico.

O Estado transferia às impressoras de papel-moeda sua responsabilidade política, adiando a necessidade de enfrentar os problemas de uma adequação transparente das demandas sociais à realidade fiscal. Se por um lado a máquina pública inchava com a contratação de novos funcionários — em particular no período Sarney —, a qualidade e motivação dos servidores diminuíam cada vez mais, dada a instabilidade do poder aquisitivo do salário. Para muitos o emprego público passou a ser fonte complementar de receita (quase uma renda) que devia se conjugar a outras atividades externas; ou então o baixo salário "justificava" o uso patrimonialista da função pública.

O monopólio estatal de impressão e gestão do dinheiro é uma das precondições de funcionamento da economia moderna e fonte da legitimidade do Estado. A capacidade de emissão de moeda, como garantia da estabilidade de valor dos contratos e dos bens trocados, não contaminada por interesses particulares, é a própria expressão da soberania do Estado e de sua capacidade de criar um espaço de convivência mercantil.[2]

A incapacidade de manter a estabilidade monetária implica em transferir os conflitos privados para o âmbito do Estado, que, através de legislação *ad hoc* sobre como distribuir socialmente os custos inflacionários (via aumento de salários, transferências e descontos contábeis, legislação sobre moratórias etc.) determina quem ganha e quem perde, quem é expropriado e quem enriquece. O efeito mais grave é que mina a legitimidade do Estado como garantia das condições básicas de convivência social numa ordem mercantil. O mecanismo de competição entre agentes privados é transferido para dentro do Estado, destruindo seu funcionamento e legitimidade. Ao mesmo tempo, colocando o destino de cada um e de todos nas maquinações e manipulações no interior do poder político, limita os processos de individualização, competição e racionalidade característicos de uma sociedade capitalista moderna.

A inflação descontrolada,[3] apesar de favorecer alguns setores dos grupos dominantes, particularmente o financeiro, mina a capacidade de gestão econômica das grandes empresas, elimina o estímulo para o investimento produtivo e tecnológico, gera insegurança nos investidores estrangeiros sem cultura inflacionária, destrói a capacidade de planejamento estatal e transforma o governo num campo de luta pela distribuição do butim inflacionário.

Ao mesmo tempo que destrói a racionalidade do Estado e de seus organismos, potencializando o seu uso patrimonialista, a inflação causa uma forte erosão das bases sociais do patrimonialismo. O setor das empreiteiras tem seu peso reduzido com a diminuição da capacidade de investimento do Estado e com os efeitos desorganizadores dos atrasos de pagamento. Os setores de classe média que encontravam no Estado um porto e um caminho seguros descobrem que estão numa montanha-russa, o que leva muitos quadros técnicos (geralmente os mais qualificados) a buscar o setor privado.

A estabilidade de valor da moeda é a base do cálculo econômico, da formação de expectativas e da sociabilidade em economias de mercado. A inflação funciona como destruidor de expectativas, produz desconfiança generalizada e uma profunda crise de legitimidade do Estado, na medida em que este não é capaz de oferecer condições de funcionamento da sociedade. Para países que confiam na capacidade do Estado de gerar ordem, a inflação é em princípio uma experiência insuportável, traumatizante e profundamente desorganizadora da ordem social. A capacidade das sociedades latino-americanas de adaptar-se e conviver por longos períodos com uma inflação alta está possivelmente ligada a certas características, em particular uma desconfiança em relação ao Estado e mecanismos de adaptação à desordem social.

Com o fim da inflação, era de se esperar um retorno aos padrões societários anteriores. Mas produziram-se três tipos de fenômenos originados no período inflacionário e cujas conseqüências se arrastam muito além do desaparecimento da inflação, afetando os valores, expectativas e as condições de construção institucional de uma ordem democrática. São os fenômenos da micropolitização da economia, da macroeconomização da política e da judicialização do conflito social.

Micropolitização da economia Uma vez que os preços estão constantemente mudando, as trocas econômicas se transformam numa luta contínua para tirar proveito da inflação. Os contratos, que em condições de estabilidade expressam equivalências constantes, passam a ser sobredeterminados pelo fator tempo: a capacidade de atrasar um pagamento ou fazer um ajuste de preços ou salários é a fonte principal de lucro. A possibilidade, por exemplo, de impor um atraso do ajuste salarial por três meses significava a perda de mais da metade do poder aquisitivo do salário. Os prazos dos contratos econômicos passam a ser o principal espaço de transferência de ônus e de luta para apropriação da renda inflacionária. A perda de medidas claras de valor da moeda leva à remarcação de preços com lucros astronômicos e juros com que nenhum agiota ousaria sonhar.

A inflação, em suma, micropolitiza as relações econômicas e politiza a economia, isto é, transforma-a num campo de enfrentamentos e batalha em torno da capacidade de impor e transferir ao outro o ônus inflacionário. A economia inflacionária realiza o sonho de economistas não ortodoxos de mostrar as dimensões políticas da vida econômica.

A inflação aumentou a distância e a desconfiança em relação ao Estado, reforçando a sensação de que pouco se pode esperar dele, de que a máquina pública é um instrumento de interesses dos políticos e dos poderosos. O efeito imediato da inflação foi transformar o Estado em um campo de opacidade e irresponsabilidade públicas, concentrado no esforço de obtenção e liberação de recursos, levando a um retrocesso da vida política com a perda de uma visão do conjunto social e o abandono da formulação de projetos para o futuro, excetuado o próprio combate à inflação.

Esse contexto social consolida duas dinâmicas fortes na sociedade: 1) para os setores mais favorecidos pela inflação, a expectativa de enriquecimento rápido graças à capacidade de impor seus interesses pela proximidade com o Estado e não a fatores econômicos; 2) para os grupos mais desfavorecidos ou prejudicados pela inflação, a sensação de que sua proteção depende da capacidade do Estado de controlar a inflação. Em ambos os casos reduziu-se a visão do Estado como espaço de representação política. Para uns o Estado é um espólio a ser assaltado, para outros é uma máquina distante da qual o máximo que se pode esperar é que seja capaz de assegurar o fim da inflação.[4]

Macroeconomização da política A dinâmica inflacionária retira do orçamento público qualquer nível de transparência, na medida em que os orçamentos são meras formalidades e a distribuição efetiva se dá na negociação da ordem dentro da qual serão feitas as liberações de pagamentos. A política nacional reduz-se a planos de combate à inflação. Os economistas passam a representar a possível salvação — ou desgraça — da pátria, com o sucesso dos candidatos e o resultado das eleições dependendo da capacidade de enfrentar a inflação. A política é reduzida a uma questão de resultados da gestão macroeconômica e o governo ideal é aquele capaz de produzir estabilidade de preços. O que deveria ser ponto de partida da vida social — a estabilidade econômica — passa a ser o fim último e o sentido mesmo de existência do Estado.

Apesar do contínuo empobrecimento do sistema de representação política e da redução da visão de bem comum ao ideal de estabilidade econômica, devemos reconhecer que a vida social em condições inflacionárias fortalecia no entanto a mobilização social para a defesa de interesses corporativos, pela necessidade constante dos sindicatos para recuperar as perdas geradas pela inflação. Embora tais mobilizações possam ser consideradas espúrias ou produtos de uma situação indesejável, é inegável que a inflação gerou alianças e mobilizações antiinflacionárias, com processos constantes de negociação que só tinham sentido no contexto inflacionário.

A fragilidade dessas mobilizações e organizações aparecerá com o fim da inflação e a reestruturação do sistema produtivo, que afetará e enfraquecerá particularmente os setores tradicionalmente mais organizados da sociedade — funcionários públicos, operários do setor industrial moderno e bancários.[5] A luta contra a inflação gerou também um outro tipo de mobilização ligado aos programas de estabilização e aos congelamentos de preços. Nesses casos ocorria um amplo movimento em apoio aos órgãos públicos responsáveis pelo controle de preços, em geral com uma conscientização de que o preço de produtos e o consumo de alguma forma dizem respeito ao cidadão e a seus direitos.

Judicialização do conflito social A transferência para o Judiciário de importantes responsabilidades na resolução de conflitos distributivos é um tema ao qual retornaremos em outro capítulo. Aqui devemos notar somente que a inflação foi o principal detonador de uma série de processos contra o Estado, muitos ainda em tramitação, que colocaram o Poder Judiciário como árbitro de conflitos entre amplos setores sociais e o Poder Executivo. Tais processos foram movidos em geral — mas não apenas — por funcionários ou dependentes do Estado e/ou poupadores em cadernetas com taxas definidas pelo governo que se consideraram prejudicados pelas medidas arbitrárias adotadas em cada programa de controle da inflação.

Refundação social

A história do Brasil no século XX foi marcada pela capacidade do Estado de promover o desenvolvimento econômico e colocar-se como o principal articulador de interesses sociais através de mecanismos diretos e indiretos de distribuição de recursos e cooptação social. Esse sistema demonstrou uma eficácia bastante grande na promoção do crescimento econômico, com a conseqüente mobilidade social e modernização de vários aspectos da vida social, mas ao mesmo tempo se transformou, no contexto institucional brasileiro, em um mecanismo de reprodução ampliada das desigualdades e da heterogeneidade social, limitando a consolidação da cidadania e da representação política.

Durante o século XX o Estado foi expandindo suas áreas de atuação, aumentando sua capacidade fiscal, intervindo cada vez em mais áreas da vida social, mas sem conseguir reduzir a desigualdade social nem consolidar uma burocracia pública orientada por regras universais, o que teria significado o fim dos privilégios dos grupos dominantes.

À medida que se foram aprofundando a diferenciação e a diversificação social, que aumentou a consciência democrática e se desenvolveu um amplo setor urbano independente do estatal, diversas instituições da sociedade brasileira começaram a exigir uma reacomodação das relações entre sociedade e Estado. Como suas principais fontes de legitimidade eram o crescimento econômico e a distribuição patrimonialista, a crise do Estado já estava anunciada: ante as primeiras indicações de estagnação econômica, o conflito distributivo, sob a forma de descontrole inflacionário, atingiria as entranhas mesmas do sistema.

Apesar do esforço colossal para manter o crescimento econômico depois da crise do petróleo,[6] que aumentou de modo significativo o endividamento do país a partir de meados dos anos 70, o Estado brasileiro entrou num processo de espiral inflacionária. O período inflacionário corroeu as diversas estratégias dos setores sociais que desde os anos 30 ocupavam um lugar na estrutura social por sua capacidade de garantir um espaço no esquema de distribuição de recursos e privilégios, diretos e indiretos, que tinham no seu vértice o Estado (nos níveis federal, estadual e municipal). Produziram-se assim o enfraquecimento ou a paralisia de amplos setores favorecidos pelo sistema dominante e a pressão política necessária para conferir autonomia ao Executivo na direção de reformas que renovassem as bases do pacto social.

A renovação do pacto social orientou-se, desde o governo Collor até o momento atual, no sentido da transferência de responsabilidades econômicas e sociais para o setor privado, da redefinição dos parâmetros de atuação do Estado e da abertura e reinserção da economia no sistema internacional. Esses processos ocorreram no contexto de democratização e luta contra a inflação, construindo, afetando e consolidando valores e tendências sociais preexistentes para os quais representam respostas específicas. Contudo, o perfil do pacto social que surgirá da crise do antigo sistema de dominação não está claramente definido. O movimento privatizante constitui possivelmente uma fase de "destruição criativa", mas é difícil imaginar que, num país com setores da população vivendo na pobreza absoluta e sem uma rede de benefícios sociais em que apoiar-se, um governo democrático possa abandonar o papel de promotor de políticas de geração de emprego, de assistencia social, de desenvolvimento da infra-estrutura e de promoção de regiões excluídas, na expectativa de que o mercado venha algum dia a dar uma resposta adequada a tudo isso.

Se as transformações em curso na sociedade brasileira devem ser compreendidas tomando-se o contexto histórico e social do país como ponto de partida, é inegável que esses processos convergiram e foram influenciados pela onda liberalizante promovida pelos Estados Unidos e os organismos internacionais de financiamento.[7] Mesmo assim, o novo desenho societário não está predeterminado: será produto das orientações estratégicas e alianças políticas dos governos, dos rumos tomados pela oposição e pela sociedade civil, atuando todos em um contexto societário e sob circunstâncias externas que escapam em boa medida ao controle dos agentes políticos.

III
Brasil, sociedade de consumo

Introdução à sociedade de consumo

O senso comum e, por vezes, as ciências sociais transformam fenômenos históricos — como é o caso dos mercados, que foram construídos passo a passo, de forma não linear, pela soma de invenções realizadas em lugares e contextos diferentes e que continuam em mutação — em realidades naturais que teriam existido sempre ou que surgiram de repente em sua forma atual.[1] O fato de utilizarmos a mesma palavra para definir fenômenos em constante transformação ajuda a gerar a ilusão de que são a-históricos.

O surgimento e o desenvolvimento dos mercados, no sentido moderno de mecanismo de troca de bens e serviços realizados por unidades com capacidade de decisão autônoma (indivíduos, empresas) dentro de um espaço normativo comum, são fruto de uma longa história e complexos processos sociais e políticos. Não existe e nunca existiu um "mercado" como sujeito de uma racionalidade que se impõe por si mesma. A criação das formas modernas de mercado e sua constante transformação são produtos da invenção constante de novas instituições que mobilizam os interesses sociais e geram conflitos em torno da sua implantação.[2] Podemos enumerar pelo menos seis grandes áreas de intervenção e conflito social em torno das quais se deram e se dão, no capitalismo, a formação e transformação dos mercados:

- A criação de espaços físicos onde pessoas, bens e produtos podem circular livremente (antes Estados nacionais, hoje regiões e/ou o globo).
- A criação de moeda, de impostos, de novas formas de propriedade e pagamento (sociedade anônima, conta bancária, promissórias etc.).[3]

- A definição do que é objeto legítimo de troca (força de trabalho, seguros, sexo, genes, informação, tecnologias, tudo isso são objetos que se transformaram em produtos comerciais após longos processos de conflito, negociação e modificação de valores).[4]

- A constituição e disciplinamento de agentes sociais que internalizaram a racionalidade de mercado.[5]

- O estabelecimento de um sistema legal e sua aplicação por funcionários especializados, com monopólio dos mecanismos de regulamentação, punição, controle e uso da violência em determinado espaço.

- A invenção de categorias sociais através das quais os participantes das relações mercantis se auto-representam e organizam sua participação social e política (empresários, trabalhadores, sindicatos, empregados, funcionários, autônomos, vendedores ambulantes etc.).

É nesse contexto que temos de situar os conceitos de consumidor e de sociedade de consumo como uma construção simbólica através da qual são representadas as relações mercantis num dado momento histórico.

O consumidor foi uma categoria marginal na análise sociológica até os anos 80, quando começou a ser reconhecida como relevante e a gerar ampla bibliografia.[6] Inicialmente a questão mais debatida foi a da especificidade histórica do consumidor e da sociedade de consumo, ou seja: estaremos diante de um fenômeno novo ou na verdade todas as sociedades teriam uma dimensão consumo/consumidor? A principal crítica aos conceitos de consumidor e sociedade de consumo parte geralmente de antropólogos, que tentam mostrar como em todas as sociedades os atores sociais utilizam bens para diferenciar-se ou afirmar posições sociais.[7]

Os que procuram afirmar a diferença específica da sociedade de consumo vêem-na em geral ligada a um estágio de desenvolvimento do capitalismo, o de massificação da produção, de integração das classes populares ao consumo de produtos supérfluos, e à indústria cultural que expande a mercantilização a todas as esferas da vida, incluindo o tempo livre e a vida privada.[8]

Zygmunt Bauman talvez seja o principal sociólogo a analisar a sociedade contemporânea a partir do consumo como mecanismo principal de legitimação, de controle social e de formação de identidades nas sociedades modernas avançadas do final do século.[9] Nos seus primeiros trabalhos sobre o tema, a visão de Bauman, que é de grande riqueza e poder explicativo, lembra Marcuse ao apresentar a sociedade de consumo como um mecanismo de dominação capaz de integrar todo fenômeno social novo, desconsiderando outros níveis de organização social que possam gerar distúrbios transformadores do sistema, como a distribuição da riqueza e do trabalho, a tecnologia ou a política.[10]

Entretanto, se o consumo como sistema de dominação permeia a sociedade, as contradições desta e o papel ativo dos agentes sociais transformam o consumo e o consumidor em campo de conflito social.[11] Assim, acreditamos que é possível construir um conceito de consumidor e de sociedade de consumo no qual, ao mesmo tempo que se reconhece o efeito sistêmico na produção e dominação dos sujeitos sociais, o ator não é reduzido a simples instrumento da lógica do sistema ou dos grupos dominantes.

Os fenômenos hoje em dia associados à defesa do consumidor representam processos históricos bem diversos. As primeiras medidas de defesa do consumidor, embora numa época em que esse conceito não ocupava o lugar que hoje tem no sistema cultural, foram relacionadas às políticas públicas de normatização de pesos e medidas, que eram (e continuam sendo) uma condição de padronização das relações mercantis e de *fair trade*. Uma segunda fonte de normatização liga-se à necessidade de controlar o uso de sucedâneos, muitas vezes nocivos à saúde, em especial no caso de alimentos e remédios. Outra fonte de políticas ligadas atualmente à defesa do consumidor é a de garantia da competição, de controle da ação de oligopólios e monopólios.

A construção do consumidor como expressão da luta pela cidadania associa-se especialmente à experiência norte-americana. Foi nos Estados Unidos que surgiram as primeiras agências reguladoras de produtos alimentícios e medicamentos, onde o movimento de consumidores adquiriu mais cedo um peso social e inventou aqueles que seriam os padrões de organização e divulgação vigentes nas entidades de defesa do consumidor em todo o mundo. As razões desse pioneirismo ligam-se às características da sociedade americana, a primeira a ingressar no consumo de massas, valorizando o mercado e o indivíduo como fontes de reivindicações e direitos e onde as outras identidades coletivas canalizadoras de reivindicações sociais apresentavam um peso menor.

Na história da criação do consumidor como categoria social encontramos quatro grandes atores/fatores:

- O Estado, como regulador das relações mercantis, atuando sob pressão dos diferentes grupos sociais, mas também por iniciativa própria, seja da sua burocracia ou dos poderes públicos. O movimento regulador é, como veremos adiante, parte do movimento mais amplo de juridificação das relações sociais, pelo qual o Estado amplia seu âmbito de atuação nos diversos setores da vida social.

• A empresa, atuando por vezes contra mas por vezes também apoiando a regulamentação dos direitos do consumidor, na medida em que essa regulamentação constitui, em especial para as grandes empresas, um instrumento de competição e diferenciação em relação às empresas menores (ou destas na luta contra as grandes, valendo-se das leis antimonopolistas).

• O consumidor, individualmente ou organizado, que pressiona por seus direitos, em especial através das ONGs e dos meios de comunicação de massa.

• A tecnologia, na medida em que o consumo de massa tende a introduzir sistemas que o consumidor não domina e/ou compreende, colocando novos problemas tanto em nível individual quanto coletivo.

Um conceito sociológico de consumidor e de sociedade de consumo deve incluir pelos menos os seguintes elementos:

• Uma visão não reducionista da sociedade de consumo, em que o consumo é um elemento central da dinâmica social mas não pode ser isolado de outras dimensões. A sociedade de consumo não resolveu o problema das desigualdades sociais geradas no processo de produção e distribuição, e esses desequilíbrios sociais continuam a ocupar um lugar fundamental na sociedade. O consumo tampouco explica, embora influencie, a diversidade de dinâmicas de criação de novas identidades e seu impacto na sociedade.

• O consumidor não pode ser visto como um agente passivo nem o consumo como mero instrumento das empresas. Inclusive porque o consumo reproduz em seu interior lógicas sociais diferentes e por vezes opostas. Existem tanto objetos de consumo individual quanto coletivo, e estes últimos tendem a ser fonte de importantes movimentos sociais. A base do movimento ecológico, por exemplo, é a luta para modificar os produtos, as condições de produção e o consumo coletivo da natureza.

• Os bens de consumo individual têm lógicas diferentes. Enquanto certos produtos têm um impacto democratizante, no sentido de que o acesso a eles pode ser facilmente universalizado, outros tendem a marcar as diferenças de riqueza.[12] Da mesma forma, certos objetos são basicamente de consumo coletivo, por exemplo os serviços públicos, enquanto outros são de consumo individual, embora tanto uns como outros possam gerar movimentos coletivos. Os objetos de consumo com impacto coletivo tendem a aumentar no século XXI, em especial na área de informação genética e informação pessoal em geral. Isso por sua vez cria um potencial de conflito entre a defesa de interesses coletivos e de interesses individuais, entre os interesses das próximas gerações e os das atuais, entre empresas e cidadãos.

• Embora os bens de consumo estejam inseridos numa lógica de diferenciação de estilos de vida, a redução do consumo a uma problemática de necessidades criadas pela publicidade desconhece aspectos fundamentais deste fenômeno numa sociedade capitalista. O consumo está profundamente ligado às condições básicas de vida e às possibilidades abertas pela tecnologia, que faz do acesso a bens de consumo uma condição de sociabilidade e bem-estar básico (por exemplo, o acesso a uma geladeira, ao telefone, ao computador, à Internet, ao automóvel). É a partir da existência desses bens que se constrói uma dinâmica de diferenciação de produtos e de "desperdício planejado". As complexas relações entre as "necessidades" de bem-estar e o desperdício associado à lógica da diferenciação simbólica constituem um problema central a ser enfrentado pela teoria crítica da sociedade de consumo.[13]

• Ao mesmo tempo que é construído e manipulado como um objeto pelo sistema produtivo, o consumidor se transforma pela interiorização da ideologia dos seus direitos em um agente ativo que estende os direitos de cidadania ao sistema produtivo. As organizações de consumidores passaram a participar da definição de temas que anteriormente pertenciam quase exclusivamente ao âmbito do Estado ou da empresa (como, por exemplo, a inspeção de qualidade ou a definição de quais produtos podem ser legitimamente transformados em mercadorias).

• Nesse sentido, a sociedade de consumo não deve ser vista numa perspectiva economicista, como uma variável do poder aquisitivo da população. Sem dúvida a sociedade de consumo pressupõe a mercantilização das relações sociais e um mínimo de poder aquisitivo, mas como sistema de valores e organização institucional trata-se de um sistema cultural e ideológico que permeia o conjunto da sociedade, em grande parte de forma independente da estratificação social e da renda individual.

• O mundo do consumo *homogeneíza* a vida material e o gosto, no sentido de que transforma todos os produtos em mercadorias produzidas em massa e divulgadas através da publicidade, ao mesmo tempo que busca adaptar-se à diversidade cultural e social de mercados. A sociedade de consumo é fundamentalmente *igualitária*, no sentido de que tende a criar uma estética universal em sua vontade de transformar todas as pessoas em consumidores.

• A ideologia do consumidor penetra a empresa, que se reestrutura em função do valor de servir ao consumidor. O sistema de produção existiria para gerar constantemente novos produtos que devem ser desejados e aceitos pelo consumidor, que se constitui em sujeito social para quem se volta grande parte do discurso e da organização empresarial ("a empresa está a serviço do consumidor").

• A ideologia e as práticas da sociedade de consumo constroem-se em torno da questão da *qualidade do produto*, que do ponto de vista do consumidor-cidadão e dos seus movimentos sociais se transforma em *qualidade de vida*. A ideologia da qualidade do produto, associada a marcas (*brand names*) através da publicidade, foi construída pelas grandes empresas para assegurar a fidelidade do cliente, com o qual não mantêm relações pessoais, e assim a estabilidade — e expansão — da demanda por seus produtos.

• O consumidor fez surgir um novo saber: o da propaganda e *marketing*. O novo especialista nessa área, profissional que comanda um dos setores mais importantes da economia, foi muito pouco tratado pela sociologia. A análise das práticas desse grupo profissional mostraria uma relação mais complexa e interativa entre produtores e consumidores.

• A constituição dos direitos do cidadão-consumidor tem como base a *desigualdade das partes contratantes*. A mobilização básica das campanhas de direito do consumidor é pelo reconhecimento de que os contratos entre o fornecedor de um produto ou serviço e o consumidor constituem uma relação desigual, na qual o consumidor não tem como controlar o produto que receberá nem as condições contratuais específicas (grande parte desses contratos é de adesão, ou seja, contratos predeterminados apresentados ao consumidor sem negociação prévia entre as partes). De certa forma, a defesa do consumidor representa o reconhecimento da necessidade de proteger o cidadão individual face ao poder econômico, tal como se justificou a certa altura a existência de sindicatos pelo reconhecimento da desigualdade das partes contratantes no mercado de trabalho. A constituição do consumidor como sujeito social é um longo processo histórico no qual a experiência americana figura como matriz; mas, à medida que se globaliza, adquire características locais.

- Embora com genealogia própria, o movimento ecológico converge e em certa medida se confunde com o movimento de defesa do consumidor. Pode-se dizer que de certa forma o movimento ecológico está preocupado com as condições de consumo coletivo (inclusive de bens não mercantis, como a qualidade do ar e dos mares), enquanto o movimento de defesa do consumidor está centrado nos bens de consumo individual.

- A sociedade de consumo transformou-se num campo ideológico onde competem versões diferentes sobre suas possibilidades, problemas e potencialidades. A ideologia empresarial apresenta a sociedade de consumo como capaz de gerar bens em quantidade e qualidade cada vez melhor e preços cada vez menores, aos quais cada indivíduo terá acesso de acordo com suas preferências pessoais. A crítica socialista tradicional tenta mostrar como na sociedade de consumo se reproduzem as *classes sociais* (seja pela distribuição desigual da renda, seja pela diferenciação dos produtos consumidos). A crítica ecológica busca mostrar que a produção desenfreada de bens voltada unicamente para uma lógica do lucro destrói o *meio ambiente* e desconhece a necessidade de controle coletivo dos recursos naturais. Finalmente, o movimento em defesa do consumidor transforma o *usuário* em agente ativo da determinação do que é produzido e das condições em que é vendido e consumido.

Em síntese, podemos dizer que a sociedade de consumo, do ponto de vista da construção de identidades e de atores sociais, tem dois aspectos principais: um em que o consumidor aparece como ator passivo e outro em que figura como agente ativo. O primeiro é a canalização do desejo e de recursos para adquirir objetos, transformando o poder aquisitivo e a exibição de bens materiais nos valores principais de sociabilidade; o segundo é a transformação da qualidade de usuário em um componente ativo dos direitos de cidadania. No seu conjunto constitui um *campo de conflito ideológico*, talvez o predominante no novo milênio se considerarmos que as problemáticas das novas tecnologias se apresentam como problema para o cidadão enquanto consumidor.

Origens do consumidor e da sociedade de consumo no Brasil

A ideologia dos direitos do consumidor, apesar de ter sido apropriada, pelos governos brasileiros da década de 90 para justificar as privatizações, é produto de múltiplas influências e de um longo processo de maturação dentro da sociedade.

Um dos caminhos pelos quais se gerou uma noção de direitos do consumidor no Brasil foi o da importação pela classe média de produtos e valores do exterior. A partir dos anos 70 a classe média brasileira tornou-se viajante compulsiva, tendo como destino principal as cidades de Miami e Nova York, que visitava sobretudo para comprar. Comprar o quê? Desde pasta dental a roupas, mas principalmente eletrodomésticos, produtos que não eram encontrados no mercado brasileiro ou que no Brasil eram mais caros ou de pior qualidade (por exemplo, os dentifrícios produzidos no Brasil usavam na época embalagens proibidas — por conterem componentes nocivos à saúde — nos países avançados).

Um dos aspectos que caracterizaram o antigo modelo de proteção à indústria nacional é que estava ligado a uma fiscalização muito limitada da qualidade dos seus produtos e a um alto grau de oligopolização que lhe permitia lucros extraordinários. Com a política de reserva de mercado para a informática e os preços estratosféricos cobrados pelos produtos "nacionais", o contrabandista tornou-se figura tão popular que cada família de classe média praticamente passou a ter o seu, por assim dizer. Produtos estrangeiros contrabandeados, por outro lado, penetraram os setores populares através de uma ampla rede de contrabando-formiga (os *sacoleiros*), em geral proveniente do Paraguai. Esses produtos, geralmente de qualidade inferior, fabricados no Extremo Oriente ou falsificados no Paraguai, eram comumente distribuídos através de vendedores ambulantes.

O produto nacional era tido como de baixa qualidade, caro e sem garantias. Paradoxalmente, a noção popular era de que só se podia confiar no "doleiro" (casas de câmbio ilegais), no contrabandista e no bicheiro. Esses três grupos, por dependerem unicamente da confiança em seus serviços para permanecerem no "mercado", trabalhando dentro de uma perspectiva a longo prazo e em mercados oligopolizados, eram considerados muito mais confiáveis que o comércio formal de produtos e serviços.

A introdução de produtos estrangeiros aumentou a pressão para melhorar a qualidade dos produtos nacionais, e a própria indústria, especialmente a grande empresa multinacional, passou a lidar com a questão da qualidade e do serviço de assistência ao consumidor (geralmente através de um número de telefone para ligações gratuitas) como forma de diferenciar os seus produtos. Já nos anos 60 e 70, à medida que foram sendo introduzidas legislações específicas de controle de qualidade, a pequena indústria tradicional local, particularmente a de alimentos, passou a ser eliminada do mercado.

A esses processos deve-se acrescentar a tendência fortemente consumista da sociedade brasileira, em especial de suas camadas médias, que se expressa no baixo nível de poupança e na compra compulsiva de todo tipo de novidade. Sem querer ser exaustivos, podemos enumerar os seguintes fatores que fortalecem esse consumismo:

- A tendência hedonista da cultura brasileira, voltada para o presente, tem forte afinidade eletiva com a ideologia consumista.

- A cultura produzida pela inflação, de incerteza sobre o valor futuro do dinheiro guardado.

- Os processos de mobilidade social e a constituição de boa parte da classe média brasileira durante os anos 70, já no contexto de uma cultura capitalista de consumo. Essas camadas médias da sociedade careciam de outras formas de expressão cultural, social ou estética, ligadas a uma tradição pré-consumista.

- A fragilidade ou inexistência de serviços públicos adequados, o que leva a buscar soluções individuais. Isto revela-se claramente no caso da aquisição de automóveis. Assim, por exemplo, com uma renda *per capita* inferior à da Argentina ou à do Uruguai, o Brasil possui uma frota de automóveis *per capita* bem maior que as dos vizinhos, o que em grande parte se explica pela baixa qualidade do transporte público nas grandes cidades brasileiras.

- O grande número de horas que se passa diante da televisão, um dos índices mais altos do mundo, o que implica uma exposição direta à publicidade — muitas vezes em forma subliminar — e a enorme capacidade da televisão de gerar, sobretudo com as novelas, uma verdadeira catarse e identificação coletiva em que os pobres podem entrar no mundo de consumo dos ricos.

A expansão da sociedade de consumo no Brasil ocorreu através de produtos que em sua maioria (rádio, televisão, eletrodomésticos de linha branca) não exigiam que o usuário fosse alfabetizado.[14] A nova linha de produtos, ligados ao uso do computador e à Internet — que será o principal instrumento de compra no futuro — exigirá um nível educacional mínimo e possivelmente terá efeitos de exclusão social dos novos circuitos de consumo.[15]

A defesa do consumidor como construção de um novo sujeito social

A tendência progressiva da sociedade brasileira de importar padrões de qualidade do exterior produziu, a partir do efeito convergente de uma série de fatores de ordem institucional, econômica, social e ideológica, a criação de um novo sujeito social, o consumidor, e de um campo político-cultural que afeta os comportamentos e sentimentos coletivos.

A defesa do consumidor está associada, no Brasil, a mudanças na estrutura social, à consolidação de uma classe média com padrões globalizados de consumo, ao estabelecimento de uma indústria de consumo de massa, geralmente liderado por empresas multinacionais, e à luta contra o autoritarismo e o fortalecimento da sociedade civil e dos direitos de cidadania. Para facilitar a apresentação desses vários fatores convergentes que se desenvolveram de forma paralela, cada um será analisado separadamente:

Legislação[16] Em 1971, em pleno regime militar, foi apresentado no Congresso o primeiro projeto de lei criando um Conselho de Defesa do Consumidor. Não passou. No mesmo ano, em reunião nacional, os publicitários brasileiros indicaram a necessidade de uma legislação nesse sentido.

Em 1976, uma Comissão Parlamentar de Inquérito, da Câmara dos Deputados, que investigava a questão da defesa do consumidor apresentou várias propostas que não tiveram desdobramento. No mesmo ano, o governo "*aberturista*" de Paulo Egydio Martins, em São Paulo, criou um Sistema Estadual de Defesa do Consumidor, com o objetivo de elaborar uma política de proteção do consumo e coordenar as atividades públicas relacionadas, receber, analisar e encaminhar reclamações e sugestões, realizar estudos para melhoria das condições institucionais e mecanismos de defesa do consumidor, além de informar, conscientizar e motivar os consumidores a defender os seus direitos.

Em 1978, uma lei específica regulou e ampliou o âmbito do sistema, definindo que ele podia atender diretamente aos consumidores e promover ações judiciais. Como órgão operacional foi criado o Grupo Executivo de Proteção ao Consumidor, conhecido daí em diante como Procon, cujo conselho incluía as mais diversas entidades da sociedade civil, como a Associação Paulista de Propaganda, o Departamento Intersindical de Estudos e Estatísticas (Dieese), as federações da Indústria e do Comércio do Estado de São Paulo, associações de Amigos de Bairro e o Sindicato dos Jornalistas.

Em 1985, foi aprovada uma lei que teria amplas repercussões no sistema legal como um todo, criando a Ação Civil Pública (ACP) com objetivo de proteger o meio ambiente, o consumidor, os bens e direitos de valor artístico e histórico, e que se transformaria no principal instrumento de atuação legal do Ministério Público e das instituições da sociedade civil de defesa do consumidor.

No mesmo ano o governo federal criou o Conselho Nacional de Defesa do Consumidor (CNDC), em que participam representantes dos mais diversos setores da sociedade civil. O CNDC teve um papel importante na inclusão da defesa do consumidor na Constituição de 1988 e na posterior elaboração do anteprojeto de lei para o Código de Defesa do Consumidor.

A Constituição de 1988, no seu artigo 5º, inciso XXXII, estabeleceu que "o Estado promoveria, na forma da lei, a defesa do consumidor" e o artigo 48 das Disposições Transitórias determinou que o Congresso Nacional elaboraria o Código de Defesa do Consumidor no prazo de 120 dias depois de promulgada a Constituição.

Em torno da formalização do Código de Defesa do Consumidor deu-se um confronto entre o empresariado e os vários setores sociais que exigiam uma legislação mais rigorosa, em especial os Procons, que contavam com o apoio do CNDC, da OAB, do Ministério Público e dezenas de associações de defesa do consumidor. As críticas das organizações empresariais ao anteprojeto de código apresentado em 1989 foram sistemáticas, taxando-o de afronta à livre iniciativa e alertando que sua aprovação teria efeitos catastróficos, impossibilitando a vida das empresas. Com alguns cortes e modificações, o projeto acabou no entanto aprovado em boa parte do seu conteúdo original. Isso foi possível porque, apesar das críticas dos empresários, que contaram inclusive com o apoio de parcela da imprensa, o tema do consumidor já tinha sido assumido por várias lideranças políticas ligadas aos setores médios da população.

Em fins de 1990, o Congresso aprovou a lei instituindo o Código de Defesa do Consumidor, que passou a vigorar em março de 1991.[17] A partir daí, como veremos, multiplicaram-se enormemente as ações governamentais e da sociedade civil relativas ao consumidor e o tratamento do tema nos meios de comunicação.[18]

Procon O primeiro órgão oficial de proteção ao consumidor, como vimos anteriormente, surgiu em São Paulo, mas logo se espalhou por todos os estados brasileiros e mesmo em nível municipal (só no estado de São Paulo existem cerca de 150 Procons municipais). Esses organismos são o principal canal de atendimento ao público e de divulgação do Código de Defesa do Consumidor. Outras instituições, como as comissões de defesa do consumidor das câmaras municipais e assembléias legislativas estaduais, cumprem uma função de apoio, divulgação e encaminhamento político das reivindicações, mas sem um impacto direto sobre as reclamações individuais.

Os Procons atuam sobretudo como organismos de informação e orientação de reclamações individuais, embora possam, quando há grande número de consultas sobre o mesmo assunto, ajudar a promover uma associação para organizar um processo coletivo. Decreto de março de 1997 autorizou os Procons a multar empresas em caso de infração (anteriormente só podiam registrar e encaminhar ocorrências). A rotina de atendimento ao público é primeiramente filtrar e verificar a procedência das reclamações (como veremos, é muito alto o número de casos improcedentes). Em seguida o Procon entra em contato com a empresa para tentar uma conciliação e acordo amigável. Se isso não for possível, o usuário é encaminhado à Justiça (geralmente ao Juizado de Pequenas Causas). Um processo pode prolongar-se por um ano.

Pode-se ter uma idéia da atuação do Procon pelo número de atendimentos na cidade de São Paulo, que triplicou no período 1988-98. No primeiro desses dez anos foram atendidas 368.434 pessoas, das quais 80% para consulta, 12% em formulários e 8% com reclamações específicas. A maior parte das reclamações incidiu sobre serviços (40%), vindo a seguir produtos (14%), assuntos financeiros (12%), saúde (8%) e habitação (5%).[19] As consultas não relacionadas propriamente à defesa do consumidor chegaram a 20% do total — muitos que foram em busca de serviços jurídicos para casos de ordem cívil. Do total de reclamações (30.813), foram consideradas procedentes 17.749, tendo sido resolvidos 69% dos pedidos encaminhados, o que mostra um alto nível de eficácia do Procon.[20] Esses dados, porém, dão apenas uma visão aproximada da demanda efetiva: a maioria dos Procons só consegue atender a uma pequena parte das reclamações e para ser atendido é preciso geralmente madrugar nas filas de espera.

Criado no final da ditadura militar, o Procon de São Paulo atraiu para seus quadros uma nova geração de profissionais que se identificava com a idéia de lutar contra o autoritarismo e pelo fortalecimento da sociedade civil. Do Procon paulista sairiam os fundadores da principal ONG de defesa do consumidor, o Idec.[21]

Ministério Público A consolidação do Ministério Público Federal, a partir da Constituição de 1988, como organismo autônomo com áreas e instrumentos de atuação ampliados transformou a instituição num dos principais instrumentos de proteção da cidadania. Sua atuação estende-se a áreas como meio ambiente, direitos do consumidor, probidade administrativa, direitos sociais — saúde, educação, trabalho, previdência —, diversões, patrimônio público. O Ministério Público Federal alcançou um enorme espaço de intervenção, chegando a ser considerado por alguns como um quarto poder.[22] Seu principal instrumento de atuação é a ação civil pública, já mencionada.

A ação do Ministério Público na área dos direitos do consumidor organiza-se em promotorias especializadas, que em certos casos atua conjuntamente com o Procon estadual. Inicialmente abre uma investigação buscando uma solução administrativa, que pode transformar-se em ação civil pública. O plano geral para 1998 do Centro de Apoio Operacional das Promotorias de Justiça do Consumidor do Estado de São Paulo apresenta, por exemplo, como principais áreas de atuação a saúde e segurança (comercialização de produtos e serviços que coloquem em risco a saúde ou segurança do consumidor), práticas abusivas de empresas médico-hospitalares, cooperativas ou entidades habitacionais, publicidade enganosa, contratos-padrão com cláusulas de abuso e educação para o consumo sustentável.

Juizados de Pequenas Causas Em 1984 foi criado o Juizado Especial Cível de Pequenas Causas, que em 1995 passou a se chamar Juizado Especial Cívil e Criminal (JEC). O objetivo desse juizado é possibilitar acesso fácil e rápido à Justiça civil sem necessidade de advogado quando a causa não envolve mais de 20 salários mínimos ou até 40 salários mínimos com advogado ou casos penais com pena máxima de um ano de prisão. Aí não se incluem casos trabalhistas, de direito de família ou contra pessoas de direito público, nem ações de valor superior a 40 salários mínimos. O JEC tem processos normalmente bem rápidos, que levam em geral entre quatro meses e um ano (o que é um recorde em comparação com a Justiça comum). O processo segue os princípios da oralidade, simplicidade, informalidade e economia, com busca de conciliação entre as partes.

Grande parte dos casos individuais de reclamações de consumidores é tratada por esse tipo de Justiça, que facilita o processo rápido e funciona portanto como um incentivo para a empresa encontrar uma solução negociada, sabendo que não poderá postergar uma decisão como seria o caso se fosse encaminhado pela Justiça comum. Os casos relacionados a direitos do consumidor constituem de 25% a 30% do total examinado por esse Juizado. Em 1997, no estado de São Paulo, foram movidos 164.145 processos e se chegou a 154.934 acordos ou sentenças.[23]

Empresas A partir da promulgação do Código de Defesa do Consumidor, as empresas privadas tentaram apropriar-se do tema, oferecendo serviços de atendimento telefônico gratuito ao consumidor, conhecidos pela sigla SAS. De cerca de 50 empresas em 1991, esses serviços passaram a ser oferecidos por mais de 3 mil em 1995. A questão da qualidade envolve também a organização das empresas, através de uma preocupação com as normas ISO 9.000 e 14.000. O número de empresas brasileiras com certificado ISO 9.000 chega a vários milhares no final de 1999. Trata-se, contudo, de um universo empresarial limitado, e o certificado de qualidade não significa necessariamente que os produtos não tenham elementos nocivos à saúde ou não estejam ligados a propaganda enganosa. É de qualquer forma inegável que a preocupação com a imagem, com um público que se acostumou a reclamar, tem um impacto "preventivo", de modo que a qualidade se tornou um componente importante das estratégias empresariais e base de expansão de uma área profissional de marketing e relacionamento com o consumidor.

Organizações da sociedade civil Surgiram também nos anos 70 as primeiras associações civis de defesa do consumidor: o Condecom (Conselho de Defesa do Consumidor, no Rio de Janeiro), a Adoc (Associação de Defesa e Proteção do Consumidor, em Curitiba) e a Apec (Associação de Proteção do Consumidor, em Porto Alegre). Atualmente, o universo de associações e organizações não governamentais (ONGs) dedicadas à defesa do consumidor chega a uma centena, sem incluir as muitas entidades voltadas para a proteção do meio ambiente, cujos interesses se cruzam com os da defesa do consumidor.[24]

A maioria dessas organizações foi criada na década de 90, depois de promulgado o Código de Defesa do Consumidor. Embora concentradas no Centro-Sul do país, há entidades do gênero em quase todos os estados e cidades principais, geralmente formadas por advogados ou associações de donas-de-casa. Várias dessas últimas surgiram com os programas de estabilização monetária, durante os congelamentos de preços que geravam amplo movimento popular de fiscalização.

A defesa do consumidor é também muitas vezes utilizada por advogados para criar ONGs que funcionam basicamente como vitrinas para atrair clientes, muitas vezes em ações contra o Estado. Nesse sentido, a defesa do consumidor é um espaço de encontro entre o novo e o velho: a luta por interesses de cidadania e a reciclagem da velha indústria de ações contra o Estado.

Em 1987 foi criado o Idec (Instituto Brasileiro de Defesa do Consumidor), que se transformou na mais importante instituição civil de defesa dos direitos do consumidor. Formado originalmente pela equipe que dirigia o Procon de São Paulo, o Idec contou no seu conselho com amplo apoio de figuras públicas dos meios político e intelectual, na maioria ligadas à oposição ao regime militar. O Idec realiza testes de produtos cujos resultados são divulgados pela revista *Consumidor S.A.*, com circulação de 50 mil exemplares, orienta a população, promove Ações Civis Públicas representando consumidores em processos coletivos e participa dos mais diversos conselhos de defesa do consumidor nos âmbitos federal, estadual e do Mercosul. Assim como o Procon, o Idec integra a Internacional dos Consumidores[25] e segue os mesmos princípios de organizações similares de não aceitar apoio financeiro de empresas, amostras para testes ou propaganda em sua revista. Em suma, é um transplante bem-sucedido de um modelo de instituição surgida nos Estados Unidos e hoje presente em quase todos os países.

Certos campos de atuação do Idec são produto do contexto brasileiro. Assim, o instituto encaminhou significativo número de ações contra bancos, cujo objetivo era ressarcir perdas para titulares de contas correntes e cadernetas de poupança prejudicados pelos vários planos econômicos de luta contra a inflação e recuperar os empréstimos compulsórios feitos sob a forma de sobretaxação da gasolina ou dos automóveis e jamais devolvidos pelo governo. Essas ações visavam antes de mais nada gerar recursos para o Idec, que fica com uma comissão[26] sobre o valor recebido pelos reclamantes associados diretamente a elas.[27]

As principais áreas de ação jurídica do Idec, além da recuperação de perdas com o sistema financeiro, são as empresas de assistência médica, escolas particulares, consórcios de automóveis e publicidade. Também foram movidas ações para obrigar o governo a cancelar o registro de medicamentos sem segurança ou eficácia comprovadas, contra empresas públicas (de água e saneamento, de telecomunicações) e os organismos públicos (empréstimos compulsórios, normas do Banco Central e cobrança indevida de impostos, entre outros). Em geral os processos contra o governo são mais demorados e difíceis de ganhar. No período 1987-97, o Idec ajuizou 1.230 processos, dos quais 654 ainda tramitam, sendo 342 contra bancos, 201 para restituição dos chamados empréstimos compulsórios, 64 contra consórcios e 26 outras causas variadas. Os processos ganhos ou nos quais se chegou a acordo são sobretudo do setor de seguro-saúde.[28]

Recentemente o Idec participou de campanha a favor de um controle maior dos produtos agrícolas transgênicos.[29] O governo promulgou em 1995 uma lei de princípios básicos de segurança biológica e criou no Ministério da Ciência e Tecnologia uma comissão técnica nacional para cuidar da questão (CTNbio). Esta autorizou a empresa Monsanto a realizar experiências com soja transgênica e estava a ponto de liberar a comercialização do produto.[30] O Idec, o Greenpeace, o Ibama (Instituto Brasileiro do Meio Ambiente) e outras organizações moveram uma ação civil pública pleiteando a suspensão do plantio de soja transgênica até que fossem adotadas normas específicas de segurança alimentar e comercialização de produtos transgênicos. Essa ação teve resultados não apenas jurídicos mas também políticos, pois o Conselho Nacional do Meio Ambiente logo se declarou favorável à realização de estudos de impacto ambiental antes de se iniciar o cultivo de transgênicos.[31] Esta ação representou um importante movimento de encontro entre o movimento dos consumidores e o movimento ecologista.

A composição social dos associados do Idec, segundo pesquisa do próprio instituto,[32] é majoritariamente de classe média e alta (só 8% têm renda familiar inferior a R$ 1 mil, contra 62% com renda superior a R$ 3 mil), a maioria com idade acima de 40 anos (78,2%), instrução superior (73,7%) e considerada "moderna" (32% têm acesso à Internet). As principais motivações para se associar ao Idec são: apoio à instituição (motivo tanto mais dominante quanto maior a escolaridade), recuperação de perdas financeiras (razão principal entre os de menor escolaridade) e busca de orientação e informação.

Mídia Com a aprovação do Código de Defesa do Consumidor jornais e periódicos passam a ter seções especializadas no assunto — alguns, como *O Globo*, já desde 1980 —, que estão entre as que mais interesse despertam nos leitores. Sem dúvida o poder da mídia, sobretudo dos jornais diários, para apresentar reclamações teve e tem um papel central na difusão da idéia dos direitos do consumidor e sua receptividade pelas empresas. Em geral os periódicos enviam essas reclamações às empresas, que são altamente receptivas — aparentemente, o índice de solução dos casos chega a 90%.[33] Os principais veículos publicam centenas e por vezes milhares de reclamações por mês.

O consumidor como categoria da cidadania

No Brasil, os únicos direitos aplicados de acordo com critérios universais são aqueles em que as partes apresentam origem social ou poder econômico/político similares, como ocorre com as causas que geralmente envolvem a aplicação do direito civil e comercial. Quando se trata de direito penal, a desigualdade social é determinante para que as pessoas econômica ou politicamente poderosas fiquem impunes e a lei seja aplicada de forma rigorosa aos setores menos favorecidos.

O código de defesa do consumidor teve particular importância na sociedade brasileira por criar um espaço de direito onde, embora as partes não sejam iguais, os setores dominantes (no caso as empresas) têm um interesse objetivo em levar as reclamações em consideração e geralmente não se encontram diretamente protegidas pelo Estado ou pelo sistema de convenções sociais que assegura a impunidade dos grupos dominantes. A criação de novas instituições (os Procons) e mecanismos que permitem ao cidadão comum defender os seus direitos sem ter que recorrer à polícia ou ao sistema judicial comum foi fundamental para mobilizar os consumidores na identificação com os novos direitos.

Durante os anos 70, o governo militar fortaleceu as estruturas do Estado, os sistemas de fiscalização e de controle sanitário e ambiental.[34] Mas, se as estruturas estatais foram reforçadas, a censura, a repressão e a falta de transparência dos atos públicos permitiram que os grupos econômicos impusessem um capitalismo selvagem que contaminou rios e baías, construindo sem planejamento no espaço urbano ou utilizando sistemas de produção que desprezavam a saúde dos trabalhadores. Paradoxalmente, a democratização, que coincidiu com a deterioração do processo inflacionário, enfraqueceu as novas estruturas estatais, que perderam bastante eficácia. No entanto a atuação de entidades civis e de conselhos estaduais e municipais de saúde e meio ambiente, com apoio da promotoria pública e de parlamentares, aumentou a capacidade de participação e controle social, funcionando como contrapeso ao enfraquecimento do aparato de Estado.

A especificidade do movimento de defesa do consumidor no Brasil é que está fortemente ligado à luta pela cidadania. Não por acaso a maioria das entidades de defesa do consumidor inclui no nome a defesa da cidadania. Outra característica das organizações de defesa do consumidor é que, dentro da lógica institucional brasileira, acabaram de certa forma por suplantar/complementar instituições preexistentes e bastante eficazes (várias das quais continuam a existir), como os departamentos de vigilância sanitária e controle de preços.

No Brasil, os direitos do consumidor transformaram-se em importante canal de luta contra o patrimonialismo, contra a colonização do Estado por interesses empresariais e um mecanismo de expressão da cidadania. A importância da luta pelos direitos do consumidor relaciona-se ao déficit de aplicação efetiva dos direitos de cidadania pelo sistema jurídico brasileiro. A defesa do consumidor não pode ser nem um substituto para as carências de outros setores do sistema jurídico nem solução para os problemas fundamentais da sociedade brasileira em termos de distribuição de renda e apropriação do Estado pelos grupos dominantes. É, porém, um elemento importante na defesa da cidadania e tem no contexto brasileiro, e em geral em todas as sociedades capitalistas, um importante papel na *luta contra a colonização do Estado pelo sistema empresarial.*

Os participantes do movimento em defesa dos direitos do consumidor e os principais usuários da lei são geralmente de classe média. O que não significa que as classes populares não sejam diretamente favorecidas por essas mobilizações nem usem a seu favor o Código de Defesa do Consumidor. A possibilidade de fazer valer os direitos sociais com a simples ameaça de dar queixa ao Procon é geralmente um fator dissuasivo suficiente para que as empresas aceitem as reclamações dos consumidores — inclusive porque estas se referem a pequenos valores, o que não justifica os custos de uma disputa judicial; além disso, a decisão judicial nesses casos seria rápida, o que elimina o principal atrativo de se recorrer à Justiça no Brasil mesmo sabendo que não se tem razão, ou seja, o fato de que a decisão será longamente postergada por um prazo indeterminado.

Na sociedade brasileira, em que o Estado é colonizado por interesses privados e a fiscalização da qualidade dos produtos praticamente inexiste, a questão dos direitos do consumidor pode fortalecer a cidadania e a qualidade de vida, inclusive e talvez principalmente dos mais pobres. A luta para aplicação do código tem antes de mais nada um impacto preventivo, ou seja, as empresas melhoram seus sistemas de controle de qualidade, o que afeta a todos os brasileiros. Embora o consumo diminua na mesma proporção da renda, todos no Brasil são consumidores. Querer esquecer esse aspecto da vida social é idealizar os grupos populares e destinar-lhes um mundo à margem do consumo, mundo que não existe e do qual não querem participar. Na verdade, utopias anticonsumistas só podem ser encontradas no Brasil entre setores altamente sofisticados ou ideologizados da classe média.

Foi Fernando Collor o primeiro presidente a utilizar a questão da baixa qualidade dos produtos nacionais para justificar a abertura da economia e seu discurso teve ampla acolhida. Foi utilizado, também, pelo próprio governo Collor e posteriormente pelo de Fernando Henrique Cardoso para justificar as privatizações, de novo com amplo apoio da população, cansada da baixa qualidade dos serviços públicos. Mais tarde, quando o ministro José Serra, da Saúde, investiu contra as fábricas de remédios falsificados, obteve igualmente amplo apoio popular.[35]

A questão da defesa do consumidor no Brasil mostrou-se altamente eficaz como canal de expressão da luta por direitos de cidadania. Há, porém, três objeções importantes e legítimas que se podem fazer a uma supervalorização dos aspectos positivos do consumidor como fonte de cidadania:

- Numa sociedade como a brasileira, com setores que vivem em nível de pobreza, o consumismo faz com que grupos populares acabem gastando sua renda em produtos supérfluos (imagem típica é a do menino pobre que pede esmola para comprar Coca-Cola ou que rouba tênis Nike na saída de escola da classe média). A sociedade de consumo aumentaria a sensação de privação relativa e — junto com outros processos de rompimento do sistema normativo tradicional — estimularia roubos e furtos.

- A ênfase dada ao mercado e ao consumo individual faz valorizar soluções individuais para problemas que seriam melhor equacionados coletivamente (por exemplo, o transporte).

• A importância que se dá à defesa do consumidor é uma forma de individualizar e isolar: estaria assim associada à ideologia da privatização dos serviços públicos. Embora a defesa do consumidor, no Brasil, coincida com o processo de privatização, trata-se, contudo, de coincidência circunstancial. Nos Estados Unidos e na Europa a legislação de defesa do consumidor avançou mais no mesmo período em que avançou a lesgislação de proteção social. No contexto brasileiro, de privatização cada vez maior dos planos de aposentadoria, educação e saúde,[36] a ideologia do consumidor é utilizada por vários setores políticos para justificar a irresponsabilidade do estado nestas áreas.

Estes argumentos, a nosso ver, indicam aspectos reais que devem ser integrados na análise da formação e dinâmica da sociedade de consumo no Brasil. O que ressaltamos, para resistir à tendência de apresentar a sociedade de consumo como uma máquina mistificadora, é o potencial que pode ter como instrumento de luta contra a colonização do Estado por interesses privados. Igualmente ela tem conseqüências sobre as relações entre o cidadão e o Estado, pois a idéia de consumidor está associada a uma visão de *value for money*, ou seja, de receber um bem que corresponda ao valor pago, o que se estende à visão do cidadão como pagador de impostos, à expectativa de receber serviços adequados do Estado e à luta contra o patrimonialismo. O que nos leva ao tema das privatizações e suas relações com a ideologia da sociedade de consumo e os direitos de cidadania.

IV

Privatização, mudança social e cidadania

A cada momento a sociedade gera mecanismos estabilizadores de direitos e obrigações que, a partir de uma nova onda de transformações socioeconômicas, políticas, tecnológicas e de valores, se tornam obsoletos ou pelo menos exigem modificações. Muito se escreveu sobre as diversas causas que levaram, a partir dos anos 70, à difusão de um modelo que se inspira particularmente em aspectos da experiência norte-americana contemporânea e que enfatiza a abertura para o comércio exterior, o papel central do mercado e a redução ou abandono das atividades econômicas por parte do Estado. As razões que favoreceram o êxito desse modelo são várias, mas sem dúvida não se trata de um processo natural: sua propagação mundial foi ativamente favorecida pelas instituições financeiras internacionais nas quais os Estados Unidos exercem um papel central. Reduzir, porém, o sucesso desse modelo a uma conspiração bem-sucedida da potência hegemônica significa desconhecer os amplos apoios que ele consegue mobilizar nas diversas sociedades em que é implantado.

No caso brasileiro, parte desse apoio é passivo e decorre da capacidade do governo de apresentá-lo como única alternativa possível face à inflação e à estagnação econômica. Mas existe também um apoio ativo que os críticos do modelo atual preferem desconhecer e que se funda na transformação do próprio sistema social em sociedade de consumo e em cidadãos que exigem direitos, que questionam direta ou indiretamente os benefícios adquiridos por grupos que conseguiram estabelecer uma relação privilegiada com o Estado. Ignoram igualmente que a ideologia que identificava os interesses nacionais com as empresas públicas entrou em crise e perdeu grande parte de sua credibilidade.

O setor estatal como representação do nacional

O moderno nacionalismo político brasileiro é profundamente terrenal. Embora nas primeiras décadas do século tenham surgido expressões de um nacionalismo mais xenófobo e místico, com um discurso centrado na valorização do passado e nas "raízes" e "essência" nacionais,[1] o nacionalismo brasileiro contemporâneo está voltado para a defesa dos recursos naturais e das empresas públicas consideradas estratégicas para o desenvolvimento nacional.

Outras experiências históricas importantes na constituição do moderno nacionalismo hispano-americano não estiveram presentes no Brasil, como relações conflituosas com países vizinhos ou com os Estados Unidos e/ou uma cultura cívica patriótica transmitida através do sistema escolar. Tampouco enfrentou o Brasil uma guerra de independência — que no restante da América Latina construiu as bases do discurso nacionalista —, nem teve enclaves (plantações ou grandes minas) controlados pelo capital estrangeiro. Ao contrário, a expansão contemporânea do capital estrangeiro no Brasil, a partir dos anos 50, sob a forma de modernas empresas industriais, foi vista pela maioria da população como fator positivo, e os trabalhadores do setor, apesar de sua mobilização sindical, não colocaram como seu objetivo a nacionalização dessas empresas, que renovaram e modernizaram as relações de trabalho.

Quanto à burguesia industrial ou financeira, seu nacionalismo restringiu-se em larga medida a tratar o mercado nacional como reserva de caça privada cujos direitos de exploração lhe permitiam fabricar produtos caros de baixa qualidade e/ou negociar sua associação com investidores estrangeiros.

Foi graças à industrialização, à criação de infra-estrutura de comunicação e transporte e à migração interna que grande parte da população brasileira, em sua maioria rural, sem instrução ou com baixa escolaridade e limitada por um horizonte provinciano, começou nos anos 30 a adquirir consciência de pertencer a um país chamado Brasil. Essa consciência nacional está associada, portanto, à mobilidade social e geográfica e à indústria cultural, tudo isso produto do crescimento econômico no qual o Estado e o setor público desempenharam um papel central.

A campanha do "petróleo é nosso", iniciada em 1947 e que culmina em 1953 com a criação da Petrobras, é considerada por muitos a principal mobilização ideológica e social do Brasil contemporâneo. Os grupos políticos que apoiaram a formação das empresas estatais constituíam uma aliança bastante heterogênea. Os militares nacionalistas, talvez sua base mais efetiva, eram na grande maioria contrários à versão nacionalista popular e possuíam fortes componentes autoritários e tecnocráticos. O antigo Partido Trabalhista Brasileiro (PTB), que se sustentava especialmente nos sindicatos montados pelo Estado Novo de Getúlio Vargas, não pretendia qualquer transformação de fundo nem o enfrentamento radical com a burguesia. Outra base de apoio, o Partido Comunista, considerava o setor público uma base de confrontação com o imperialismo, enquanto a grande maioria dos intelectuais e estudantes se identificava com um discurso, dominante na época, que associava igualitarismo, participação e integração social com estatismo. A burguesia, com setores mais ou menos dependentes de contratos com o Estado, manteve uma posição pragmática.

O nacionalismo político no Brasil, na segunda metade do século XX, foi portanto um fenômeno limitado a questões específicas, dissociado das preocupações que mobilizavam grande parte da população. Esse distanciamento aumentou com a luta pela democracia e a expansão da sociedade brasileira moderna nos anos 70, com o surgimento de uma sociedade urbana de massas, voltada para a satisfação das expectativas de consumo individuais. Nesse contexto, a ditadura militar, responsável pelo último grande impulso dado às empresas estatais, será também responsável pela alienação final da população face ao destino do setor público. As lutas pela democracia valorizaram a cidadania e a justiça social, a sociedade civil e os direitos individuais. O Estado e suas atividades passaram a ser vistos com suspeita, que se agravou com a inflação e o uso das empresas estatais como instrumento de clientelismo ou das políticas econômicas.

Boa parte dos políticos que assumiram o primeiro governo de transição democrática, em 1985, estava no entanto ligada às práticas patrimonialistas ou aos interesses corporativistas criados em torno do setor público e da ideologia nacionalista. A ação conjunta de diversos *lobbies* na Constituinte, em particular dos militares, dos grupos empresariais ligados ao Estado e dos funcionários públicos, fez incluir na Constituição artigos que privilegiavam a empresa de propriedade nacional, mantinham o monopólio estatal nos setores de telecomunicações, petróleo e serviços públicos, preservavam os cartórios e asseguravam os direitos adquiridos pelo funcionalismo.[2] Em conseqüência, a Constituição de 1988 apresenta tanto elementos renovadores que visam a garantir o estado de direito como outros que mantêm e sintetizam a ordem socioeconômica anterior, de caráter nacionalista e corporativista.

Quarenta anos depois da ampla mobilização popular em defesa do nacionalismo econômico, essa bandeira era desfraldada por um grupo reduzido, formado basicamente por setores militares — que perderam peso no sistema político — e pelos sindicatos do setor estatal, além dos partidos políticos ligados a eles. Contra esses interesses se colocavam grande parte do empresariado, as pressões dos centros de poder do sistema capitalista, a indiferença de boa parte da população e a indefinição da maioria dos políticos e intelectuais.[3]

O impacto das privatizações na estrutura social e política

A rápida expansão do setor público produziu no Brasil, especialmente na segunda metade dos anos 70 e na primeira dos anos 80, uma ampla bibliografia sobre capitalismo de Estado, as relações entre o setor público e o privado e o surgimento de uma nova classe social (burguesia de Estado ou tecnoburocracia) com interesses diferentes e eventualmente opostos aos da burguesia privada.[4] A perspectiva adquirida com o tempo, com o que tem de racionalização de uma travessia que poderia ter sido diferente, permite explicar a expansão das empresas públicas como produto circunstancial da autonomização de um governo autoritário composto por setores militares nacionalistas estatizantes. Isto foi possível graças à disponibilidade de crédito internacional amplo e fácil a partir de 1973, o que lhe permitiu um esforço de industrialização e expansão de infra-estruturas através do investimento público, apesar do aumento de preços do petróleo e da recessão no mercado internacional.[5]

Quando começou o processo de privatização, o setor público apresentava uma cara muito diferente da que tinha no seu período áureo dos anos 70. O que muitos consideravam um fenômeno estrutural revelou-se uma realidade localizada no contexto específico de um regime militar autoritário. Essa expansão do setor público gerou empregos para técnicos e operários qualificados, deu posições de poder em conselhos de administração a militares reformados e políticos derrotados em eleições mas ligados ao governo, porém nada indica que se tenha constituído um núcleo social dirigente com características diferenciadas de classe ou algo semelhante. Quanto aos executivos profissionais do setor público, houve um constante intercâmbio e passagem para o setor privado.[6]

Esse modelo, como vimos, entrou em crise com o processo de abertura democrática, a consolidação de uma sociedade de consumo e a inflação crescente. Por um lado, era criticado pelo setor privado[7] e, por outro, sofreu um processo interno de erosão devido à crise fiscal do Estado, que perdeu sua capacidade de investimento e começou a utilizar cada vez mais as empresas públicas como instrumentos de política econômica — seja na captação de recursos externos, seja com a fixação de tarifas e preços por seus serviços e produtos para manter a inflação sob controle. À medida que avançava a inflação e as empresas perdiam autonomia, os governos democráticos começaram a controlar os salários das estatais, com o incentivo da imprensa e do setor privado, o que redundou em desmotivação dos funcionários e perda de executivos. De modo mais decisivo, a perda de autonomia empresarial das estatais afetou sua capacidade de investimento, expansão e modernização. Isso, por sua vez, levou os usuários a associar empresas de serviços públicos com ineficiência.

Quando foi anunciado o processo de privatização, nenhuma burguesia de Estado ou tecnoburocracia apareceu para defender as empresas públicas. O único setor que tentou lutar contra as privatizações foi o dos sindicatos de servidores das estatais, com apoio de alguns partidos de oposição.[8] Se fôssemos resumir o processo de privatização do ponto de vista político, poderíamos dizer que se trata de uma questão fundamental que deveria ter produzido um debate nacional, que nunca chegou a acontecer. O candidato que nas eleições de 1994 centrou seu discurso na defesa das estatais, Leonel Brizola, teve uma votação irrisória, e a única mobilização sindical relevante no setor público — a greve de petroleiros de 1995 — terminou em derrota para o sindicato e o setor em geral.

O governo lançou uma série de campanhas de propaganda a favor das privatizações mostrando as dimensões do Estado como fonte de desperdício e como entrave para concentrar-se em suas funções sociais, enfatizando as melhorias que a privatização traria para os cidadãos enquanto consumidores. A oposição ressaltava os baixos preços de venda das estatais, o uso que se dava aos recursos assim obtidos e a necessidade de manter o controle nacional de setores estratégicos. Dada a pequena mobilização social, o mecanismo mais importante para tentar frear as privatizações foi questionar na Justiça a legalidade do processo.

Embora os direitos do consumidor tenham se transformado no principal argumento e, de certa forma, em nova ideologia do governo, em especial no período Collor, o tema foi utilizado de forma mais tímida na administração Fernando Henrique Cardoso, cuja eleição e projeção política ligavam-se à estabilização monetária. As privatizações eram em geral apresentadas como necessárias à luta contra a inflação e à necessidade do Estado de concentrar seus recursos em suas funções sociais.

Impacto na estrutura de propriedade O modelo neoliberal clássico de privatização, associado ao governo Thatcher, tinha dupla justificativa ideológica: assegurar maior eficiência dos serviços e transformar em proprietários amplos setores da população (ideologia do "capitalismo popular") através da pulverização das ações.[9] A estrutura de propriedade foi questão igualmente central no debate sobre privatização no Leste europeu, onde os modelos de privatização vão desde o alemão, altamente concentrador de propriedade (basicamente em mãos de grandes investidores da antiga Alemanha Ocidental), ao polonês, em que mais de 1.500 empresas permaneceram em mãos dos próprios empregados.[10]

O modelo brasileiro de privatização, em linhas gerais semelhante ao adotado em outros países latino-americanos, ofereceu limitada participação aos funcionários, mas não objetivou a pulverização e popularização da propriedade. Embora se possa argumentar que, através dos grandes fundos de pensão, geralmente de estatais, ocorreu uma participação popular, isso não invalida o fato (do ponto de vista da popularização do capitalismo) de que não houve lugar para os pequenos investidores individuais. A razão desse modelo pode estar em que as privatizações no Brasil tiveram sua agenda definida pelas necessidades da conjuntura econômica de gerar o máximo de divisas e pelo objetivo político de buscar a participação de sócios estrangeiros para que as empresas privatizadas não caíssem em mãos de grupos nacionais que viessem a reproduzir o velho modelo patrimonialista.[11]

O processo de abertura econômica e privatização no Brasil foi muito acelerado.[12] A partir de 1990, os governos brasileiros acabaram com a reserva de mercado de produtos de informática, diminuíram os impostos sobre produtos importados, introduziram uma nova lei de patentes que inclui o setor farmacêutico e modificaram a Constituição para eliminar a diferença entre empresas públicas de capital nacional e estrangeiro, permitindo a entrada do setor privado, sob a forma de concessões, nas áreas de telecomunicações, portos, energia elétrica, ferrovias, gás e petróleo, rodovias e serviços urbanos.[13]

As privatizações significaram, em primeiro lugar, um aumento da presença do capital estrangeiro na economia brasileira. São empresas estrangeiras as principais sócias e operadoras de boa parte dos serviços privatizados, em especial a telefonia e o sistema energético. Essa expansão do capital estrangeiro via privatizações convergiu com a abertura econômica e a venda para empresas estrangeiras de grande número de bancos — setor até então fundamentalmente nacional — e indústrias de capital nacional.

Em segundo lugar, as privatizações modificaram o perfil dos grupos dominantes nacionais, ampliando a presença do setor financeiro nas áreas produtivas. As grandes empreiteiras nacionais conseguiram ocupar algum espaço nos setores de energia e telecomunicações e foram as principais beneficiadas com concessões no setor de rodovias.

Impacto na estrutura interna das empresas, nos sindicatos e na política Não conhecemos estudos específicos sobre o impacto das privatizações dentro das empresas, mas as informações jornalísticas indicam que houve cortes sistemáticos de pessoal nas empresas privatizadas e terceirização de serviços antes realizados internamente. Nos setores, porém, em que houve amplo investimento após as privatizações, em especial a telefonia, seguramente aumentou o nível de emprego no conjunto do setor.

Como os sindicatos de funcionários das estatais estavam entre os mais militantes do país, constituindo uma das espinhas dorsais do Partido dos Trabalhadores, o fim de grande parte das empresas públicas poderá ter um efeito importante de renovação nesse partido e na esquerda em geral. Esses sindicatos deram importante apoio à formação e desenvolvimento do PT, mas ao mesmo tempo foram um freio à elaboração de um programa adequado aos novos tempos de globalização e de um projeto de reforma do Estado, devido à defesa intransigente que fazem dos interesses corporativistas do funcionalismo. Talvez seja esse um dos efeitos mais importantes e paradoxais das privatizações: o de criar condições políticas para a renovação do PT, que tinha nos sindicatos do setor estatal uma de suas principais bases de sustentação.

Nos outros partidos que se utilizavam das empresas públicas como instrumento de clientelismo político, possivelmente haverá um fortalecimento dos laços com o setor privado. Como a criação de empresas públicas e o investimento nelas eram utilizados como moeda de troca do poder federal com os governos estaduais, as privatizações diminuem a capacidade de negociação do governo central, que ainda continua mantendo como base de negociação com os estados os investimentos em áreas como infra-estrutura e políticas sociais compensatórias.

Existe outro nível de privatização de serviços públicos, associada à reforma do Estado, na área de serviços sociais (sistemas de aposentadorias e pensões, saúde e educação privados), com conseqüências decisivas do ponto de vista societário. São transformações que afetam em particular as classes médias (no sentido amplo do termo), que estão sendo empurradas para o uso desses sistemas apesar de serem os principais contribuintes, o que aumenta, como veremos, a sensação de alienação desse setor social face ao sistema público e político.

Bases do discurso privatizante: mercado e cidadania, direitos e privilégios

O trabalho clássico de T.H. Marshall[14] apresenta a formação da cidadania no capitalismo como uma sucessiva aquisição e universalização de direitos, iniciada com a cidadania civil ou legal (igualdade diante da lei), seguida pela cidadania política (igualdade nas condições de participação política) e finalmente pela cidadania social (igualdade de acesso a bens básicos). O ponto de partida de Marshall era a oposição entre mercado e cidadania, na medida em que o primeiro corporifica a desigualdade econômica e o segundo representa o ideal da igualdade. Para Marshall, o antagonismo entre essas instituições teria sido superado graças à expansão das várias formas de cidadania.

Objeto de inúmeras críticas,[15] o trabalho de Marshall continua sendo de alguma forma, no entanto, o marco referencial clássico do tema da cidadania. Entre as críticas, às quais retornaremos no próximo capítulo, podemos mencionar o caráter linear do seu esquema, o seu otimismo ingênuo e a generalização de um processo que só se aplicaria às democracias ocidentais.

Apesar dessas críticas, é comum na bibliografia contrapor, como Marshall, mercado e cidadania enquanto representantes de valores opostos e produzindo desigualdade o primeiro e políticas compensatórias a segunda. Tal oposição não é difícil de demonstrar, mas não pode ofuscar os aspectos complementares entre ambos e o lugar do mercado como fonte de direitos, na medida em que a cidadania absorve em seu repertório os direitos do consumidor.

Os direitos do cidadão-consumidor, especialmente dos trabalhadores mais pobres e em particular o direito a dispor de mercadorias pelo preço mais baixo e da melhor qualidade possível, eram uma das principais reivindicações dos partidos socialistas latino-americanos no início do século. Com a ascensão de uma esquerda antiimperialista e a consolidação da industrialização baseada no protecionismo, a visão centrada no trabalhador-consumidor foi criticada e descartada. O protecionismo seria o principal mecanismo para gerar empregos e, portanto, a política a seguir, desqualificando os argumentos sobre suas possíveis implicações para o trabalhador enquanto consumidor. Implícito estava o argumento de que era melhor ter um emprego com produtos mais caros (e eventualmente de pior qualidade) do que ficar desempregado e com abundância de produtos importados no mercado.

No Brasil, como vimos, a expansão das classes médias, o contato crescente com o exterior através de viagens e as novas gerações de produtos eletroeletrônicos e telemáticos recriaram a contradição adormecida entre "direito ao emprego" e "direitos do consumidor". Essa oposição, no caso brasileiro, começou a atingir um nível de paroxismo pela tendência do regime militar a transformar a economia em autarquia, em especial através da política de defesa do mercado de informática. Se a isso acrescentarmos o caráter altamente concentrador e por vezes oligopólico de grande parte dos setores industriais brasileiros e o ineficiente ou inexistente controle de qualidade dos seus produtos, entende-se por que as classes médias começaram a preocupar-se com o preço e a qualidade dos produtos nacionais e a se voltar para o contrabando como fonte de abastecimento, particularmente na área de informática.[16]

O presidente Fernando Collor utilizou o tema da corrupção e dos privilégios para eleger-se e posteriormente atacou a questão da baixa qualidade dos produtos nacionais, especialmente dos automóveis, para justificar a abertura econômica. As campanhas de Collor mostravam tanto sua capacidade de identificar temas populares quanto o alheamento dos grupos sociais, políticos e intelectuais que apoiaram o antigo modelo de desenvolvimento (e que dele se favoreceram) face aos temas e valores que mobilizavam a sociedade brasileira do final do século XX.

Isso levanta o problema mais amplo referido no título desta seção: a transformação de direitos em privilégios. A diferenciada capacidade de pressão política dos grupos sociais, particularmente do setor público, permitiu alcançar uma série de direitos que a seu tempo foram considerados conquistas sociais. À medida que se difunde uma visão mais igualitária da sociedade, esses direitos passam a ser considerados — ou podem ser apresentados — como privilégios.[17] O que é particularmente evidente no tocante a certos direitos especiais de aposentadoria, que incluíam (e ainda incluem em alguns casos) aspectos difíceis de conviver com valores mais igualitários, como, por exemplo, as pensões herdadas em forma vitalícia por filhas de militares (generais), aposentadoria para políticos mesmo após um curto mandato, aumento de 20% sobre o último salário nas aposentadorias de servidores de várias categorias, possibilidade de acumular diversas aposentadorias, inexistência de idade mínima para aposentar-se e a possibilidade de voltar a ocupar, depois de aposentado, o mesmo emprego na mesma instituição.

Essas deformações e privilégios (que os sindicatos, guiados por um corporativismo estreito, nunca ousaram criticar) não implicam, como alguns economistas parecem supor, que as aposentadorias dos funcionários do setor público sejam a principal responsável pela desigualdade social do país ou pela falta de recursos para a área social, o que é uma manipulação discursiva e estatística.[18] O que poderia ser uma correção de privilégios indevidos transforma-se, no discurso do governo — incapaz de enfrentar os setores dominantes —, em uma confrontação entre as camadas médias e as camadas pobres da população.

O Brasil vive uma versão peculiar da sensação de "perda de direitos", comum nos países que introduziram reformas em seus sistemas de direitos sindicais e de bem-estar social.[19] Existe, porém, certa tendência a uma generalização indevida de situações bastante diferentes (o que na Europa eram direitos em geral bem distribuídos — mas não sem falhas — aplica-se no Brasil em geral a pequenas minorias), e uma análise mais detalhada deverá levar em consideração uma série de mutações:

- Por que e quando a maioria dos cidadãos começa a considerar certos direitos como privilégios? Afinal de contas, as políticas privatizantes são promovidas por governos eleitos democraticamente. Que setores sociais sustentam essas políticas?
- Que mecanismos e processos políticos são mobilizados para negociar ou impor o fim ou a transformação de certos direitos?
- Que efeitos sociais e ideológicos terão o fim dos antigos mecanismos de proteção social e sua substituição por instituições privadas?

À medida que o dinheiro do Estado passa a ser considerado pela sociedade como imposto pago pelo contribuinte, os direitos/privilégios dos grupos ligados ao Estado são vistos como algo que o próprio cidadão sustenta, de modo que o uso patrimonialista do Estado é vivido como confisco. A incapacidade dos grupos sindicais, dos partidos de oposição e mesmo da importante — e, na época, altamente criativa

— elite de intelectuais ligados a ideologias que justificam um papel ativo do setor público em superar o corporativismo e elaborar um projeto alternativo de reconstituição societária, além de empobrecer o debate nacional, indicou o esgotamento do antigo modelo centrado no Estado corporativo-patrimonialista. Como esses setores dirigem suas críticas ao atual governo sem uma visão clara do que são direitos e privilégios, supondo uma capacidade ilimitada do Estado de aumentar os impostos, desconhecem que nas sociedades modernas a experiência da injustiça social passa, em particular, pela forma como são obtidos e usados os recursos públicos.

Privatização dos serviços públicos e cidadania

Os serviços públicos, desde a Antigüidade, são uma das funções e bases da legitimação do Estado. Associados originalmente aos grandes sistemas de irrigação agrícola e, posteriormente, a infraestrutura urbana, os serviços públicos eram responsáveis pelo abastecimento de água, os sistemas sanitários, a construção de vias e, nos tempos modernos, o fornecimento de energia (gás e, depois, eletricidade) e as comunicações.

Os serviços públicos foram e são objeto de um constante debate nos países capitalistas. Esse debate inclui tanto a questão de saber quais as formas mais adequadas de regulamentação e propriedade no setor quanto quais áreas devem ser incluídas na definição de serviços públicos. Além dos setores ligados aos direitos básicos do cidadão e de administração estatal (entre os quais segurança pública, serviços administrativos, de bombeiros, saúde pública, justiça, educação, fiscalização), os serviços públicos geralmente incluem as áreas de infraestrutura (rodovias, transporte, águas, esgotos), energia (gás e eletricidade) e comunicações (particularmente correios e telégrafo, telefonia e, em alguns lugares, rádio e televisão).

Vários serviços públicos constituem uma combinação especial de renda pelo uso de espaço/recursos naturais e retorno do investimento em equipamentos e tecnologias que, através de sistemas de administração, manutenção e distribuição de um bem organizado em forma de rede (rodovias, eletricidade, água, comunicações etc.), se transformam em monopólios frente aos quais o consumidor não tem fornecedores alternativos.

Como organizar esses serviços foi e continua sendo objeto de discussão entre o que, em largas pinceladas, podemos chamar de tradição social-liberal e a tradição social-democrata (por vezes social-cristã ou social-republicana). As duas principais questões envolvidas são:

- Como assegurar o acesso universal a esses serviços? (Trata-se em especial de permitir que regiões mais distantes ou setores mais pobres da população possam ter acesso.)

- Considerando que muitos desses serviços são monopólios naturais, como evitar os abusos na definição de preços e tarifas.

As respostas a essas questões constituem variações em torno de dois modelos básicos:

- O setor permanece em mãos de empresas privadas, mas sob estrito controle administrativo de órgãos governamentais, que não permitem abusos de preços e exigem que o alcance das redes de distribuição e os preços levem em consideração fatores sociais e regionais. É o modelo predominante nos Estados Unidos e no Reino Unido.

- O setor é assumido por empresas estatais que sofrem menor regulação administrativa, uma vez que estão, por sua própria natureza, sob o comando do poder público. Foi o modelo que predominou na Europa de pós-guerra e no Brasil.

A privatização ou concessão de um serviço público a uma empresa privada não transforma esse serviço em privado. A confusão entre o serviço (público) e quem o opera (empresa pública ou privada) é o cerne da questão política envolvendo as privatizações de serviços públicos. Se as empresas privadas têm aparentemente condições de produzir mais e melhor, isso não significa que o que produzem possa ser tratado como uma mercadoria regulada pela lógica mercantil privada.

Atualmente é o modelo social-liberal que tende a predominar, como parte de uma onda privatizante que vê o Estado de antemão como mau empresário e dá ênfase à diminuição de custos e ao aumento da competitividade. A pressão sobre o setor estatal é também parte de uma reformulação do mundo empresarial, que exige cada vez mais flexibilidade de organização e grande capacidade de manobra e alianças internacionais.[20]

Uma característica do "modelo" brasileiro de serviços públicos foi sua limitada universalização e seu uso como instrumento clientelista e patrimonialista.[21] O exemplo brasileiro mostrou que a empresa estatal não assegura automaticamente a universalidade do serviço ou que o preço e a qualidade do serviço oferecido sejam adequados. Em princípio, a privatização (ou as concessões) de serviços públicos pode ser tanto um movimento para assegurar a universalização efetiva desses serviços como o abandono de qualquer perspectiva de acesso democrático.

As privatizações, paradoxalmente, exigem um aumento da regulamentação estatal. As empresas públicas mantinham práticas monopolistas e pouco transparentes de preços e investimentos, com a justificativa de que seguiam orientações governamentais. As empresas privatizadas, inclusive as não relacionadas a serviços públicos, herdaram mercados monopolizados e oligopolizados que deveriam ser objeto de constante fiscalização e regulamentação estatal antimonopolista.

Assim, a questão política central passou a ser a da capacidade, disposição e vontade do governo de criar agências responsáveis pelos diversos setores privatizados, com autonomia suficiente para não ser colonizado pelos interesses privados e ter condições de fiscalizar e garantir o cumprimento do contrato de concessão. A falácia implícita nos argumentos mais simplistas a favor das privatizações é a que pressupõe que estas são capazes de por si mesmas acabar ou diminuir a colonização do Estado por interesses privados.

O principal desafio dos governos pós-privatização é fiscalizar os mercados e tornar público o Estado. Fiscalizar os mercados implica desfazer as relações patrimonialistas, parasitas e corruptoras entre Estado e empresários. Transformar o Estado em instituição pública exige seu funcionamento com maior transparência e autonomia, numa gestão moderna, com recursos materiais e humanos que possam enfrentar os *lobbies* econômicos e um sistema eficaz de fiscalização e auditoria, não só em nível federal como no estadual e municipal. Talvez o principal obstáculo à reforma do Estado seja seu condicionamento a uma reforma política que enquadre os representantes do povo e os partidos politicos dentro de normas que limitem a apropriação patrimonialista de recursos públicos, eliminando a possibilidade de intervenção político-partidária nas dimensões operacionais da administração pública e das agências reguladoras.

Caso as agências reguladoras não se consolidem nos próximos anos, integrando de forma ativa representantes dos usuários dos serviços e adotando mecanismos transparentes para avaliar tarifas e definir planos de investimento que assegurem a continuidade de fornecimento e a universalidade dos serviços (o que por vezes implica tarifas diferenciadas "solidárias", equacionadas em função de necessidades sociais e regionais, e investimento em áreas menos lucrativas), não serão capazes de suportar as pressões empresariais e políticas, com conseqüências práticas dramáticas, levando a uma nova desmoralização da política e do Estado democrático.

Um provérbio chinês diz que o sábio aponta a lua e o tolo mira o dedo. As oposições, por sua forte tradição estatizante e o limitado desenvolvimento de uma tradição democrática, concentraram-se nas condições em que foram realizadas as privatizações, questão legítima mas não fundamental. Fundamental do ponto de vista do impacto das privatizações nas condições de vida da população é o funcionamento das agências reguladoras, que deverão assegurar qualidade, preço e universalização dos serviços — questão até o momento não integrada na agenda política nacional.

Nos anos 70 e 80 os movimentos sociais populares tinham como principal reivindicação o fornecimento de serviços de infra-estrutura urbana[22] (no que foram bastante bem-sucedidos). A primeira década do novo milênio se apresenta como um período de luta de amplos setores, inclusive e em especial das classes médias, para garantir a dimensão pública dos serviços privatizados (educação, transportes, saúde e previdência).

V

Ganhadores, perdedores e renovadores: estratégias sociais e identidades coletivas

Reorganização da produção e do emprego: transformações na estrutura de classes e nas estratégias sociais

A partir dos anos 90 a sociedade brasileira entrou em acelerado processo de reorganização do sistema tecnológico e produtivo, introduzindo novos métodos de gestão empresarial e modificando as qualificações necessárias para obter emprego e flexibilizando a legislação laboral.

A massa cada vez maior de desempregados pelo novo modelo procura reciclar-se enquanto as novas gerações dos diferentes grupos sociais se vêem na necessidade de desenvolver estratégias diferentes para adaptar-se aos novos tempos. Esses novos tempos são de valorização da capacidade de leitura e interpretação da informação, do trabalho em rede e da adaptabilidade à mudança constante nas formas de organização e tecnologias.[1] Tempos, portanto, de expansão do trabalho intelectual e de redução e desvalorização do trabalho manual. Tempos, pois, pouco propícios para grande parte da população brasileira, com parcos recursos educacionais e apenas sua força de trabalho física para oferecer. Mas também tempos de reciclagem da elite dominante e das classes médias.

Nesse admirável mundo novo, as categorias de status e valores associados a posições no sistema social estão em plena modificação e reinvenção, ocupando o centro do palco a mercantilização e monetarização das relações sociais. Assim, não há mais comerciantes, burgueses, industriais — agora são todos parte de uma ampla categoria altamente valorizada, a dos empresários (a visão dos empresários como categoria simbólica, ao mesmo tempo que valoriza a iniciativa individual, o trabalho por conta própria, a liberdade face ao Estado, é também um processo implícito e por vezes explícito de desvalorização da função pública, do intelectual tradicional e do trabalho assalariado). Por sua vez, a incerteza penetra profundamente as classes médias, à medida que diminui o peso do emprego público e vários sistemas de proteção do Estado desaparecem ou sofrem crescente erosão.

As classes dominantes no Brasil apresentaram no século XX enorme capacidade de adaptação. À medida que iam perdendo suas posições de poder econômico e político fundado no meio rural, foram se integrando no mundo urbano como profissionais liberais, comerciantes, quadros dirigentes dos aparelhos de Estado e do setor privado. As levas de imigrantes, por sua vez, estabeleceram-se inicialmente como trabalhadores assalariados da indústria, do pequeno comércio e, em alguns estados do Centro-Sul, como produtores rurais. À medida que foram ascendendo socialmente, esses novos grupos passaram a ocupar um lugar importante na indústria, no comércio, na vida científica e tecnológica e nas comunicações (com exceção dos jornais, onde famílias "tradicionais" conseguiram manter certo espaço, a televisão e as revistas de grande circulação foram majoritariamente ocupadas por grupos emergentes). A elite brasileira tradicional, por sua vez, ao mesmo tempo que se reciclava, foi capaz de associar-se pelo matrimônio a setores emergentes, provenientes em sua maioria das ondas imigratórias (principalmente européias, mas também do Líbano-Síria). Tudo indica que a ascensão a posições dominantes de pessoas provenientes das populações rurais empobrecidas e antigos escravos foi bastante reduzida.[2]

O ciclo de crescimento econômico do final dos anos 60 e da década de 70, seguido de estagnação e inflação em grande parte das duas últimas décadas do século, implicou em importantes mudanças na composição dos grupos econômicos dominantes. Talvez os três fenômenos principais desse último período sejam: 1) a ascensão de uma nova elite financeira, em parte formada por economistas com solida formação acadêmica — inclusive professores universitários —, vários deles com passagem por instituições do governo, ligados a bancos de investimento recentemente criados, alguns dos quais iniciados como pequenas instituições financeiras que obtiveram lucros espetaculares graças ao processo inflacionário; 2) a perda de posições de poder relativo dos grupos industriais e comerciais nacionais, muitos dos quais vendidos para multinacionais; 3) a recomposição de alianças entre o capital internacional e nacional através do processo de privatizações, no qual o setor financeiro passou a ter um lugar central. Esse conjunto de transformações, por sua vez, diminuiu o espaço das antigas lideranças empresariais e dificultou mais as possibilidades de aglutinação e representação do empresariado.[3]

Nos anos 70 e 80, o Estado foi o principal financiador da formação de estudos de pós-graduação no exterior e de criação de emprego para a nova geração de filhos das classes médias e grupos dominantes com a expansão do sistema de pesquisa e ensino universitários e das empresas públicas e do aparato de Estado.[4] O padrão dominante era de estudos em universidades públicas brasileiras e continuação dos estudos no exterior (geralmente com bolsas do governo).[5]

A partir dos anos 90 inicia-se um novo ciclo de renovação dos grupos dirigentes que modifica o padrão de estudos no exterior, agora financiados em geral pela família e voltados para disciplinas aplicadas, como administração de empresas, direito, publicidade e aprendizado de línguas. [6]

Neste novo ciclo a expansão das empresas estrangeiras na economia levou a um aumento da demanda de quadros com conhecimento de línguas e experiência internacional. Por sua vez, setores como o serviço público e a pesquisa científica tornaram-se menos atraentes profissionalmente, dada a perda de poder aquisitivo dos salários universitários e do funcionalismo público em geral.[7] Em contrapartida, as grandes burocracias e ONGs internacionais se transformaram num importante marco de emprego e por vezes treinamento de futuros quadros do Estado, assim como uma fonte de ingresso de pesquisadores através de contratos de assessoria.

As empresas multinacionais (tanto do setor produtivo como de serviços e finanças) são cada vez mais o principal captador (e treinador) de novos quadros executivos. As novas gerações de classes médias tanto empregam-se nas grandes empresas como administram seu autoemprego. Surge assim, em todo o país, uma miríade de novas pequenas empresas (que muitas vezes não chegam a ser registradas como tais para não pagar impostos), particularmente nos setores de informática, telecomunicações, cultura e publicidade, e um novo tipo de técnico e profissional liberal que circula entre empregos formais e experiências de criação de pequenas empresas ou oferta de serviços de apoio e consultoria, em especial nas áreas de telemática (tecnologias de comunicação e informática associadas).[8]

Num contexto de baixo nível de crescimento econômico e mudança tecnológica acelerada que corta empregos, aumentam por um lado as exigências de competência e a competição por um posto de trabalho, mas são também fortalecidas as redes sociais como mecanismos de filtro e seleção. Paradoxalmente, nos momentos de grande expansão econômica não apenas aumentam as oportunidades de emprego como também surgem mais oportunidades de ascensão por mérito, independentemente da origem social, ao passo que em momentos de afunilamento do mercado de trabalho, se por um lado aumenta a competição, por outro valoriza-se o capital social individual e familiar do candidato como critério central de seleção, dado o grande número de candidatos para um pequeno número de cargos.

O amplo setor que se agrupa na rubrica "classes médias" inclui os mais variados grupos sociais, que se autodefinem como tal, geralmente pessoas com um nível educacional básico e uma renda bastante variável trabalhando no setor de serviços ou pequenos empresários. Este setor está sofrendo um rápido processo de transformação e fragmentação. Com o fim do período inflacionário (quando a desvalorização permanente do salário justificava o emprego de mão-de-obra com baixa produtividade e o setor financeiro chegou a ocupar 12% dos trabalhadores assalariados), ocorreu uma drástica redução das oportunidades de emprego no setor formal, ao mesmo tempo que aumentaram as qualificações mínimas para se obter trabalho. Produziu-se assim uma verdadeira febre por cursos, particularmente de línguas estrangeiras e de informática, mas também universitários. Não apenas nos bairros de classe média, mas mesmo nos bairros mais pobres, proliferam como fungos as escolas de idiomas (a maioria de inglês e, em menor escala, espanhol) e de informática, assim como faculdades isoladas e universidades, a maioria de qualidade discutível. Parte da nova geração de jovens brasileiros tentou melhor sorte no exterior e, desde os anos 70, se formou uma ampla e relevante diáspora brasileira, especialmente nos Estados Unidos e no Japão, a maioria dos emigrantes aparentemente de classe média baixa. De forma legal ou ilegal, eles buscam nos exterior a possibilidade de juntar algum dinheiro e retornar ao Brasil, mas muitas vezes acabam por se integrar aos países onde se instalaram.

O baixo crescimento econômico das últimas décadas e as exigências cada vez maiores de ingresso numa sociedade de consumo estão produzindo, possivelmente pela primeira vez na história brasileira moderna, um importante processo de mobilidade social descendente para as novas gerações de classe média ou operários qualificados e crescentes dificuldades de absorção no meio urbano para os que migram do campo.[9]

É para os grupos de operários manuais qualificados e os setores mais pobres da população que se apresentam as maiores dificuldades de inserção no novo mundo de trabalho. A massa de trabalhadores manuais que perderam seu emprego no processo de tecnificação da indústria, e se encontram em uma faixa de idade mais avançada e de baixa escolaridade tem grandes dificuldades para se recolocar no mercado de trabalho. Luís Inácio Lula da Silva, filho de uma família de *retirantes* nordestinos que se transformou nos anos 70 em símbolo de uma nova classe operária (e de mobilidade social ascendente), representava duas décadas mais tarde uma categoria social em declínio.[10]

Nos setores mais pobres da população urbana uma geração que está entrando no mercado de trabalho sem base educacional adequada representa um problema de proporções potencialmente catastróficas, devido à reversão de expectativas. Enquanto para os migrantes do campo a obtenção de um trabalho manual na cidade, que assegurasse o sustento básico, já significava uma ascensão social, para as novas gerações as expectativas são de integração no meio de consumo urbano. Para os filhos dos migrantes do campo ser urbano deixou de representar, como representou para seus pais, uma melhoria automática de condições de vida pelo acesso aos serviços e infra-estrutura que não existiam no meio rural. Para essas novas gerações, a comparação não é com o passado, mas com o mundo urbano do consumo, o que gera um sentimento de crescente privação relativa e de frustração.

A juventude nos bairros pobres, quando não se integra no tráfico de drogas para obter por um breve momento dinheiro suficiente para realizar alguns de seus sonhos de consumo (e que rapidamente acaba em prisão ou morte), se projeta e procura imitar os modelos de sucesso do esporte e dos grupos de música (rap, funk e hip-hop), principais canais de ascensão social para aqueles que dificilmente terão acesso à educação superior ou ao capital e à rede social necessária para triunfar na nova sociedade brasileira. Para os mais velhos o sonho de riqueza se reacende e frustra periodicamente na quimera da aposta lotérica ou no jogo do bicho.

O desafio para esses setores é como constituir-se em sujeitos sociais que tenham um horizonte de mudança dentro da sociedade, um horizonte que limite a sensação de exclusão simbólica e a conseqüente propensão ao desespero, à marginalidade e ao crime. Embora na linguagem sociológica esteja em moda falar de *excluídos* do modelo dominante como uma categoria que percorre todos os países, é importante distinguir as formas específicas que essa categoria assume em cada contexto nacional. Os excluídos dos países capitalistas avançados continuam integrados e mesmo inteiramente dependentes do Estado, sendo objeto de controles crescentes.[11] No Brasil, os excluídos o são tanto do sistema econômico formal como da previdência social, devendo portanto continuar exercendo algum tipo de atividade remunerada, pelo simples fato de que, se não o fizessem, morreriam de fome. Assim, o setor informal no Brasil é a expressão tanto da exclusão quanto da vitalidade e criatividade dos excluídos para inventar continuamente novos produtos e serviços.

O meio rural continuará estruturado em torno do processo de inclusão seletiva de produtores (em nível familiar ou de grande propriedade) na cadeia agroindustrial e de expulsão dos camponeses mais pobres e assalariados para as cidades.[12] O ritmo desse processo dependerá das políticas públicas de defesa da pequena produção, que são decisivas para a reprodução desse setor em todos os países avançados.[13]

Ao contrário dos anos 70, a fronteira agrícola deixou de absorver parte das migrações rurais, enquanto os novos setores de crescimento econômico criam menos empregos e marginalizam a mão-de-obra não-qualificada. A reforma agrária ressurge assim não como parte de um projeto de transformação da estrutura social, mas como um instrumento de política social e luta contra o desemprego.

O novo meio rural, em especial mas não somente do interior de São Paulo, criou um amplo setor de classe média e alta que se transformou num mercado de consumo dinâmico e que é a base de sustentação de uma indústria cultural *country* brasileira, hoje ocupando um lugar central na cultura popular.

A diminuição da taxa de crescimento demográfico só começará a ser sentida na próxima década, tanto na redução da demanda de infra-estrutura educacional básica quanto na criação de empregos. Mas o Brasil é ainda um país jovem com enorme contingente de pessoas entrando no mercado de trabalho, embora tenha diminuído a importância relativa da transferência de população rural para as cidades. A expansão de novas regiões continua a desempenhar um papel nas possibilidades de mobilidade social e geração de empregos, em especial no Centro-Oeste, mas seu peso absoluto em termos de absorção de população é bastante limitado.

Desgaste e mudança das formas tradicionais de representação

As relações entre grupos sociais e representação política não são simples. Em parte porque a própria definição do que constitui um grupo social passa pela própria política — ou seja, o grupo social se constitui como tal através de sua participação na vida política; em parte porque, mesmo supondo a preexistência de interesses, sua tradução para a arena política, numa democracia, supõe várias mediações, em especial a capacidade de articular os interesses particulares num projeto para o conjunto da sociedade.

Partidos políticos No Brasil moderno, os partidos políticos foram um instrumento limitado de representação social. As razões principais em tempos recentes foram os longos períodos de ditadura (1937-45 e 1964-84) e os sucessivos processos de modificação do sistema partidário induzidos pelo regime autoritário, a estruturação do sistema político em torno de alianças locais (municipais e/ou estaduais), a enorme fragmentação social e diversidade regional e a limitada capacidade de absorção de informação de uma população em que quase um terço das pessoas tem menos de quatro anos de educação primária. Esta lista deve ser complementada, a partir da volta à democracia em 1985, com a existência de uma legislação que debilita a coesão interna dos partidos e transforma o político num *free-lancer*.

A fragilidade do sistema partidário manifesta-se na transformação da negociação política entre os poderes Executivo e Legislativo em negociatas pessoais de troca de votos por "favores" (pagos pelos cofres públicos), na desmoralização do próprio sistema político por siglas partidárias de "aluguel" e a circulação dos políticos entre os mais diversos partidos e no conjunto de privilégios que os políticos concedem a si mesmos, em particular em estados e municípios extremamente pobres.

A modificação da legislação poderia contribuir para renovar o sistema partidário e limitar os excessos. De qualquer forma, mudanças mais profundas serão demoradas e deverão acompanhar as transformações da sociedade brasileira no sentido da luta contra o patrimonialismo e pelo desenvolvimento de uma cultura cívica.

Não se deve esperar, porém, que a constituição de um sistema partidário siga as linhas tradicionais de esquerda/direita, com divisões de classe mais ou menos nítidas. Esse tipo de organização partidária está inclusive desaparecendo na Europa, onde esse modelo foi inventado e se tornou dominante em diversos países. A nova organização partidária gira em torno da capacidade de se ocupar o centro do espectro político e social, combinado com promessas de mudança com estabilidade.

Essa situação está sem dúvida associada à própria modificação das estruturas sociais, ideológicas e culturais. Em nível ideológico temos o refluxo das grandes ideologias societárias e a ascensão de identidades sociais e novos direitos dissociados do mundo da produção. Junto com essas transformações, mudou também a forma de fazer política, com um papel central ocupado pelos meios de comunicação de massa e o marketing político, simplificando o debate e por vezes reduzindo a diferença entre candidatos a uma maior ou menor capacidade de comunicar uma imagem pessoal, enfatizando-se qualidades individuais e não propostas ou programas.

As campanhas políticas no Brasil começaram a mobilizar novos temas que não se encaixam na antiga divisão entre direita e esquerda, estatismo e antiestatismo. Foram as bandeiras dos direitos do contribuinte e do consumidor que levaram ao poder os dois presidentes eleitos no Brasil depois do regime militar.[14] O primeiro questionou os privilégios dos funcionários públicos que recebem hipersalários ou superaposentadorias; o segundo colocou na ordem do dia a estabilidade (e poder de compra) da moeda. Por outro lado, muitos grupos sociais, geralmente de origem popular, em especial os identificados com grupos religiosos evangélicos, consideram-se representados por políticos diretamente ligados ou que apelam a uma identificação religiosa.

A grande incógnita da política brasileira é a orientação que seguirão os mais variados setores e níveis de renda que se encontram na economia informal (e que constituem hoje mais da metade da população economicamente ativa, incluindo, entre outros, cabeleireiros, manicuras, guardadores de carros, vendedores ambulantes e autônomos, empregadas domésticas, boa parte dos técnicos e profissionais liberais autônomos e um número cada vez maior de empregados e proprietários de micro e pequenas empresas não regularizadas).

Talvez o efeito institucional mais importante da existência de amplos setores da população ocupados em atividades não legalizadas é que reforce as tendências sistêmicas à corrupção fiscal e policial. Na medida em que esses setores realizam suas atividades à margem da lei, são candidatos naturais a situações de negociação extorsivas impostas pelos representantes do Estado. Apesar de ser muitas vezes compreensivelmente festejado como expressão de criatividade e espírito empresarial, o setor informal acompanha e reforça as práticas patrimonialistas.

O que significa "representação" para um grupo social que funciona "estruturalmente" através da sonegação de impostos, que não é "protegido" pela lei e cujos conflitos não se organizam nem passam pelas instituições públicas, que vive "enfrentando o mercado" e para o qual o Estado parece uma máquina incômoda e ineficaz?

Essa questão será respondida pela história, mas as perspectivas não são alentadoras se levarmos em conta os acontecimentos recentes na América Latina. A desarticulação e o afastamento de setores crescentes da população em relação a mecanismos de mediação do Estado abrem uma enorme brecha para discursos demagógicos contrários à vida parlamentar, que passa a ser identificada com e reduzida a corrupção e abandono dos excluídos.

O funcionalismo público serviu como mecanismo fundamental de integração das classes médias emergentes e para a estabilização de suas condições de vida. Apesar da militância dos seus sindicatos, esse setor possuía uma estabilidade social e econômica, ao passo que as novas camadas médias da população não possuem — nem suas condições de existência favorecem a formação de — mecanismos de representação política ou ideológica.

Em que medida outros mecanismos de representação social cuja importância foi realçada durante a luta pela democratização — sindicatos, movimentos sociais e a sociedade civil — poderiam funcionar como antídoto para essa falta de densidade dos partidos políticos?

Sindicatos Expressão mais importante da renovação do movimento operário, o sindicalismo surgido no ABC paulista nos anos 70 mobilizou corações e mentes e projetou uma das lideranças políticas mais importantes da história brasileira recente, Luís Ignácio Lula da Silva. Duas décadas depois das grandes greves que marcaram o auge desse movimento, o panorama sindical modificou-se profundamente. O que parecia ser o crescimento linear de um novo proletariado industrial independente revelou-se um fenômeno localizado e, mais tarde, em retração.

O que aconteceu? Em primeiro lugar, uma modificação na estrutura de produção, com o setor industrial continuando a crescer por aumentos de produtividade mas deixando de gerar empregos, o que passa a ser papel do setor de serviços. Em segundo lugar, uma modificação nas formas de gestão da força de trabalho, que se inicia nos anos 80 e se acelera com a abertura econômica, modificação que inclui a automação, a manutenção na unidade central da empresa de um mínimo de tarefas que exigem mão-de-obra mais qualificada e flexível e a subcontratação do resto, com a conseqüente dispersão dos trabalhadores. Em terceiro lugar, estratégias empresariais de reordenação espacial (tanto em âmbito internacional como nacional), em particular a busca de regiões no Brasil com mão-de-obra qualificada mas sem tradição de militância sindical. Em quarto lugar, a própria crise econômica e baixos índices de crescimento econômico limitaram o poder de negociação do movimento sindical na atual fase de reestruturação produtiva. Em quinto lugar, surgiram novas centrais sindicais, em competição com a liderança original do ABC paulista que organizou a CUT (Central Única de Trabalhadores), dividindo o movimento operário e mostrando os limites de penetração do sindicalismo mais ideológico. Finalmente, as privatizações enfraqueceram o movimento sindical ligado às estatais, que constituía outra fonte de sustentação do "novo" sindicalismo.

Esses processos não significam que o sindicalismo deixou de ter seu papel na sociedade brasileira. As estatísticas mostram um alto índice de greves e aumento do número de sindicatos.[15] Embora esse último fenômeno expresse, em certa medida, estratégias de apropriação do imposto sindical obrigatório que ainda continua a ser descontado automaticamente do salário do trabalhador (apesar da aparente oposição das centrais de trabalhadores), é também parte do impulso de auto-organização da sociedade brasileira que acompanha o processo de democratização. O movimento sindical encontra-se em processo de renovação, incorporando novas causas como a da discriminação sexual e demonstrando maior sensibilidade frente à discriminação racial, além de assumir novas funções como a organização de cursos de reciclagem para os desempregados.

Se as esperanças depositadas no novo movimento sindical se revelaram excessivas, não há razão para desconsiderar o papel futuro do sindicalismo na negociação de novos pactos sociais, na luta para proteção dos direitos dos trabalhadores e para criação de novas formas de organização solidária.

Mídia Embora os meios de comunicação de massa possam ser inseridos em várias dimensões da sociedade brasileira, são indubitavelmente parte constitutiva do sistema político,[16] apesar de não representarem, no sentido clássico, qualquer grupo específico de cidadãos. No Brasil, onde predomina a cultura oral, reforçada pelo alto nível de analfabetismo e pobreza que barra o acesso à imprensa de grande parte da população, a televisão em especial desempenha um papel decisivo na formação de opinião. Dificilmente se pode exagerar o papel da TV (e, em menor grau, das revistas e jornais de grande circulação nacional) na vida cultural e política do país.

O peso dos meios de comunicação na sociedade brasileira, em particular da principal rede de televisão — a Globo, que por longo tempo conseguiu captar o grosso da audiência nacional —, facilita e por vezes justifica sua demonização. Vista, porém, da perspectiva de seu poder integrador, a televisão pode ser considerada um fator democratizante da informação, de universalização de valores (que incluem expectativas de consumo dos grupos dominantes, mas também suas concepções e valores, como o feminismo, o individualismo e a crítica social), em suma, de criação de uma cultura nacional. Por outro lado, a manipulação (por exemplo, a omissão durante a campanha por eleições diretas ou o favorecimento à candidatura Collor contra Lula) e pobreza da informação da televisão entram em conflito com as exigências mínimas de uma sociedade democrática.

A chegada da televisão a cabo, a que só têm acesso setores da classe média, reunindo os noticiários e entrevistas de maior conteúdo jornalístico, leva a rebaixar e deteriorar ainda mais a qualidade da informação jornalística nos canais abertos de massa.

Novos movimentos sociais O principal movimento social de base popular da sociedade brasileira na última década foi o MST (Movimento dos Trabalhadores Rurais Sem Terra). Como indicamos em outro texto,[17] embora com importante papel simbólico e capacidade mediática, esse movimento não tem qualquer peso econômico e seu peso social é muito limitado. Apesar de sua reivindicação ser de ordem econômica, está à margem do processo produtivo, reunindo marginalizados do sistema. Seu principal instrumento de luta política são invasões de terras e ocupações de prédios públicos, não obviamente a greve (nem, até agora, a luta armada), e cuja estratégia básica é manter-se sob o foco dos meios de comunicação (nacionais e estrangeiros). Parte dos seus líderes tem um discurso altamente politizado, mas seu objetivo prático, aquele que efetivamente angaria o apoio das bases, é altamente pragmático e localizado: distribuir terras.

A tendência dos novos movimentos sociais é de se voltarem para novos interesses fora do mundo da produção e do marco político nacional. Redes sociais, territórios e identidades, em sociedades complexas, nunca se superpõem, mas no período de hegemonia do Estado-nação houve um esforço para concentrar as identidades coletivas dentro do espaço nacional, o que equivalia a reprimir ou marginalizar identidades supra e infranacionais, que passaram a ser legítimas somente na (então recém-criada) esfera privada. Essa tendência, por sua vez, entrava em choque com a própria ideologia universalizante do Estado nacional liberal e com os grandes movimentos ideológicos dos séculos XIX e XX, o comunismo e o fascismo, que tinham fortes componentes internacionais (o primeiro tendo inclusive como objetivo o fim do Estado nacional).

Cabe a pergunta se os novos movimentos sociais, que incluem em especial o ecologismo, o feminismo, as etnias em diáspora e fundamentalismos religiosos, são estruturantes da sociedade da mesma forma que o foram a nação e as classes sociais? Acreditamos que não, e isso é fundamental, pois há uma tendência a transferir para esses movimentos as análises e expectativas associadas aos antigos movimentos sociais, particularmente os dos trabalhadores.

Por quê? Em primeiro lugar porque não colocam como objetivo direto o controle do Estado (embora possam chegar a se organizar como partidos políticos). Em segundo lugar porque desde o início se reconhecem como parte de um movimento global e portanto não se apresentam como utopias nacionais, ou seja, como projetos que vêm resolver os problemas específicos do país e da história nacional (como inclusive tentaram se apresentar os comunistas). Terceiro, porque se originam fora da esfera das relações de produção e possuem limitada capacidade de modificar o sistema distributivo.

O movimento social do Brasil contemporâneo que maior impacto exerceu sobre as orientações sociais e que talvez mais adequadamente devesse ser chamado de movimento cultural foi o *feminismo*. O êxito do feminismo na conquista de direitos de participação cada vez maior e de mais igualdade para as mulheres num país como o Brasil, onde os mecanismos jurídicos são muito pouco eficazes, deve-se à crescente presença feminina na estrutura de emprego e às posições de mulheres no campo cultural e meios de comunicação de massas. Embora promovido inicialmente por núcleos de ativistas com forte apoio das instituições internacionais, o feminismo penetrou a sociedade brasileira através dos meios de comunicação de massa, da indústria cultural e do discurso dos especialistas em psicologia, relações humanas e sexualidade. O feminismo acompanha no Brasil as tendências internacionais de mudanças na sexualidade, na estrutura familiar, no emprego, na intimidade e nas relações entre os sexos (e na auto-imagem que homem e mulher fazem de si mesmos). O feminismo é parte do processo de individualização das relações sociais e de perda das referências normativas tradicionais — em especial a autoridade paterna

— que leva a reorganizar as relações entre os sexos em novas bases permanentemente negociadas.[18]

O *ecologismo*, ao contrário do feminismo, teve um impacto muito mais limitado no Brasil, apesar do descaso generalizado com o meio ambiente (o que inclui o desflorestamento da Amazônia, a poluição sonora e química do ar nas grandes cidades em níveis insuportáveis, a desertificação de antigas zonas produtivas no campo e a contaminação industrial do ar, da água e da terra). Geralmente as mobilizações por causas ambientalistas no Brasil são localizadas, não chegando a se tornar nacionais. Por quê? A questão deve ser mais investigada, mas parece haver certo consenso de que não é prioritária na agenda nacional (que inclui, por exemplo, as lutas contra a pobreza, a violência e o patrimonialismo) e entra mesmo em choque com outro valores considerados mais importantes (pois ainda vigora a noção de que certas atividades produtivas, embora poluam o ambiente, criam empregos). A isso devemos acrescentar a característica da cultura brasileira de não valorizar a previsão nem se preocupar demais com os riscos futuros (ambos metafundamentos da ideologia ecológica), assim como a idéia de que a natureza no Brasil é um bem inesgotável.

O meio ambiente representa, porém, importante campo de participação e organização de ONGs, uma nova área de especialização e emprego, um novo ângulo de análise de projetos econômicos e sociais, um campo de atuação política, uma área de marketing e um nicho de mercado para produtos e tecnologias.

Outros movimentos sociais envolvendo direitos humanos (como as lutas contra a violência e a fome) não chegam a constituir-se em movimentos sociais estruturados e são canalizados através de organizações da sociedade civil, que passamos a discutir a seguir.

Novos sujeitos sociais: para além do mundo do trabalho e do Estado

As identidades coletivas nas sociedades modernas são recursos sociais, instrumentos através dos quais os indivíduos formam grupos estáveis, dão sentido à ação social e a partir dos quais negociam sua posição dentro do próprio grupo e/ou na sociedade. A análise de novas identidades deve portanto incluir tanto os componentes mais profundos e inconscientes da formação de valores e crenças quanto as dimensões de manipulação estratégica da identidade coletiva e o poder do grupo, em particular pelos líderes, para alcançar posições de mando e outras vantagens para si mesmos e/ou para o seu grupo.

Na sociedade moderna, a formação de identidades coletivas está em geral associada à luta por direitos específicos. Direitos e identidades caminham juntos. Formar identidades significa criar um espaço de luta por direitos, a qual, por sua vez, cria identidades coletivas. Inclusive as identidades evanescentes criadas pela publicidade tentam associar o consumo de um produto com bilhetes de ingresso a um "direito": "felicidade", "liberdade", "prestígio", "êxito" etc.

No capítulo anterior indicamos o surgimento de um novo sujeito social, o consumidor, em torno do qual se organiza boa parte do discurso dominante, empresarial, político e da mídia. A cultura de consumo é responsável pela orientação de boa parte da sociabilidade, dos desejos e expectativas em áreas em torno das quais se organizam as diversas tribos de consumidores. Uma idéia das diversas tribos nos é dada pelas revistas especializadas, voltadas entre outras coisas para: carros, cães, saúde, turismo, motos, Internet, comida, videogames, dietas, pornografia, esportes, ginástica, astrologia, beleza, investimentos, móveis, auto-ajuda, música e roupa, para mencionar apenas algumas áreas mais conhecidas.[19]

O consumo é um dos componentes centrais na construção de identidades, a partir de afinidades de ordem subjetiva e não mais de questões públicas. Na arena pública, por sua vez, ganham cada vez mais espaço as questões relacionadas à intimidade e subjetividade. Nessa transformação se conjugam vários processos, além da eclosão do consumo, como a transformação do lugar da mulher e das relações entre os sexos, a valorização da subjetividade, a individualização e sua contrapartida: uma crise permanente do ego num mundo em constante mudança e cheio de incertezas.[20]

Esses processos se transformam numa importante influência ou em substrato implícito na formação de novos sujeitos sociais em outras áreas. O que se expressa na constituição de novas identidades coletivas que em geral não têm como referência central nem o mundo do trabalho nem o Estado. O trabalho continua sendo, de forma crescente mesmo, uma fonte de preocupação e angústia, mas de forma cada vez mais individualizada, devido à fragmentação, flexibilização e precariedade do emprego.[21] As novas identidades possuem um forte componente de auto-ajuda (embora não assumido geralmente como tal), de fortalecimento da auto-imagem e da capacidade individual de enfrentar o mundo. Se a classe média baixa e os grupos mais pobres buscam, como veremos, referências e orientação na religião, as camadas médias e altas encontram este apoio nas terapias profissionais e na literatura de auto-ajuda.

Um dos fenômenos socioculturais mais importantes das últimas décadas é o crescimento dos grupos evangélicos.[22] Expressão de um complexo movimento social, é um dos mais bem-sucedidos instrumentos de integração dos grupos populares dentro de valores de auto-ajuda, autocontrole, solidariedade social, dedicação ao trabalho e à família.[23] É igualmente um dos casos mais impressionantes de capacidade e criatividade empresarial dos líderes religiosos de algumas denominações, que transformaram suas Igrejas, nascidas no Brasil, em verdadeiras multinacionais.

Os grupos evangélicos possuem extrema habilidade na utilização dos modernos meios de comunicação de massa, apresentando uma grande afinidade eletiva com os processos mencionados no início deste capítulo, de individualização crescente, reforçado pelo refluxo do movimento popular e dos sindicatos e pelas incertezas criadas pelo desemprego e as transformações profundas na estrutura empregatícia. O discurso dos grupos evangélicos mais agressivos rompe mesmo com o padrão brasileiro dominante de religiosidade e sociabilidade, que é o do sincretismo e tolerância, execrando como demoníacas (ou pelo menos exigindo uma clara separação e delimitação de) outras correntes religiosas, em especial o catolicismo e os cultos afro-brasileiros.

Quem viaja pelo interior do Brasil, onde em cada vilarejo e cidadezinha era dominante o edifício da Igreja (católica), surpreende-se com o número de pequenas (ou por vezes grandes) construções anunciando a presença de uma ou várias denominações evangélicas. Esse crescimento é tanto expressão da frágil integração do catolicismo, do caráter pragmático e experimental das relações que a população brasileira tem com a religião, como da crescente individualização que transforma a religião em opção pessoal.

Nesse sentido a expansão dos grupos evangélicos no Brasil é parte da experiência moderna de criação de um amplo mercado religioso. A conversão religiosa é uma opção pessoal constitutiva do processo de individualização e de perda de referências tradicionais, do desejo de construir e recriar a própria história pessoal, de uma segunda oportunidade de construir a vida. Também é o caminho no qual uma população majoritariamente (mas não exclusivamente) pobre encontra sentido em um mundo onde as condições sociais e econômicas produzem constantemente sofrimento e solidão. Esse contexto dá ao evangelismo brasileiro fortes traços carismáticos, milagrosos, que resultam numa sensação de proteção, conforto e esperança. Mas esses cultos não têm apenas um sentido individual, oferecendo também a possibilidade de participação num exercício periódico de caridade e solidariedade. Sem dúvida, as Igrejas são hoje (em suas diversas manifestações) a principal fonte de filantropia no Brasil.

Apesar da relativa perda de importância, a Igreja católica continua a ter um peso relevante na sociedade brasileira e tenta reciclar-se com programas de televisão e o surgimento de grupos carismáticos que efetuam curas e competem com os grupos evangélicos. A diminuição da importância dos grupos de base ligados à teologia da libertação deve-se em parte às transformações internas da Igreja católica em âmbito internacional, mas reflete também transformações da sociedade brasileira. Perdeu peso a mensagem que enfatizava a ação coletiva como instrumento de melhoria social e se fortaleceram o individualismo e a luta pessoal pela sobrevivência.[24] A Igreja "progressista" ocupa, no entanto, vários espaços importantes na sociedade brasileira, especialmente em círculos da liderança do PT e do MST.

Inclusive os grupos ecologistas e os grupos de promoção da consciência negra e das raízes africanas podem ser considerados parte dessa tendência de formação de novas identidades com ênfase nas dimensões subjetivas e culturais que mobilizam pessoas que buscam uma alternativa pessoal de vida.

Sociedade civil,[25] *terceiro setor e capital social* Durante a luta contra a ditadura militar, a noção de sociedade civil ocupou um lugar central nas ciências sociais. Mescla de conceitos normativo (a sociedade civil é democratizante), explicativo (o fim da ditadura estaria ligado à ascensão da sociedade civil), descritivo (a sociedade civil incluiria todas as organizações não englobadas pelo Estado) e ideológico (associado à renovação do discurso marxista da esquerda), a sociedade civil transformou-se ao longo do processo de democratização, apesar ou por causa mesmo de suas múltiplas acepções e conotações, em uma noção genérica sem maior rigor conceitual e foi sendo abandonada como conceito teórico (apesar de esforços isolados de enquadramento). Não, obviamente, que as realidades sociais a que o conceito se refere fossem irrelevantes ou que possamos prescindir dele a nível discursivo como referência a iniciativas de participação cidadã.

À medida que se consolidou o regime democrático, processo no qual desempenhou papel decisivo, a sociedade civil revelou-se um amplo universo de instituições com os mais diversos conteúdos. Vários são os processos que conspiraram contra a solidez teórica do conceito de sociedade civil. Só indicaremos os que nos parecem fundamentais para a realidade brasileira:

• A sociedade civil, no período ditatorial, parecia opor-se ao Estado e ter fundamentos diversos dele. Mas essa oposição era, no mínimo, parcial. Assim, por exemplo, durante a ditadura, as instituições sindicais e profissionais de oposição democrática (como, por exemplo a OAB) se constituíam e existiam graças a uma legislação específica, apoiadas no poder legal do Estado. Numa sociedade democrática, ainda mais, a sociedade civil perde um contorno definido, diferenciável do conjunto das outras instituições do sistema politico.[26]

• O conceito de sociedade civil refere-se muitas vezes não a um tipo específico de instituições, mas ao conjunto de iniciativas que surgem como expressão da participação dos cidadãos. Como tal, a sociedade civil é um conceito muito amplo, que incluiria desde a família até os partidos políticos. Estaríamos portanto diante de um conceito que englobaria boa parte do que entendemos por sociedade. Caso se limitasse às ações restritas ao espaço público, tornar-se-ia um conceito dependente de cada teoria política e sua definição do que seja público ou privado.

• A predisposição a considerar bom (isto é, democratizante) tudo o que vem da sociedade civil é uma generalização insustentável. Muitos movimentos da sociedade civil, do nacional-socialismo aos fundamentalismos religiosos, terminaram por promover ditaduras. As relações entre mobilização social e democracia são complexas e não generalizáveis.

Um conceito que passou a ocupar parte do espaço criado pelo abandono da noção de sociedade civil é o do Terceiro Setor e, ligado a ele, o de Organizações Não Governamentais (ONGs). A noção de ONGs foi originalmente criada, segundo Rubem César Fernandes,[27] pelas Nações Unidas, para situar interlocutores não governamentais. O conceito de Terceiro Setor refere-se a instituições privadas com fins públicos, cujo campo de atuação estaria entre o Estado e o mercado.

Vemo-nos de novo em terreno conceitual bastante inseguro. Uma organização do Terceiro Setor, de acordo com a lei, não deve visar ao lucro ou ao poder político (os partidos organizam-se de acordo com este critério jurídico). Ainda que juridicamente sustentável, sabemos que na prática social trata-se de uma definição bastante frágil, pois não apenas, dependendo do contexto, instituições do Terceiro Setor, em particular as ONGs, são para alguns uma cooperativa de empregos, quando não um mecanismo para escapar ao pagamento de impostos, como para outros uma base para carreira política (ambos os objetivos evidentemente legítimos), incluindo uma variedade de associações que pouco têm em comum entre si.

De um lado está o conjunto de instituições filantrópicas tradicionais, ligadas na maioria a grupos religiosos ou étnicos, a confrarias ou agremiações esportivas, a entidades culturais ou associações de bairro. De outro se encontra o universo das autodenominadas ONGs, que se afirmaram no Brasil e no restante da América Latina durante os recentes regimes militares, agrupando em geral pessoas ligadas à oposição democrática e levando adiante projetos de intervenção social ou investigação científica à margem do Estado, comumente com a ajuda de financiamentos internacionais. A diferença entre as ONGs e o Terceiro Setor tradicional é que este se sustenta geralmente num forte componente de trabalho voluntário e mobilizador de recursos financeiros da comunidade local, enquanto as ONGs são formadas por pessoas com afinidades profissionais cujo trabalho é remunerado.

As ONGs representam sociologicamente um fenômeno inovador não apenas no Terceiro Mundo, mas em todos os países desenvolvidos. São expressão da crise de representatividade dos partidos políticos e da fragmentação da luta por direitos, um mecanismo através do qual profissionais da área social e cultural encontram espaço de atuação fora do Estado, mas que empresas, governos e instituições internacionais (como, por exemplo, o Banco Mundial) financiam e utilizam cada vez mais para viabilizar seus próprios projetos.

Os conceitos de sociedade civil ou de Terceiro Setor são utilizados por governos, organismos financeiros internacionais e fundações dos países desenvolvidos do Primeiro Mundo em políticas de promoção institucional. A noção básica que sustenta essas políticas é a de que o Estado é ineficaz como administrador de recursos ou, no caso do discurso governamental, de que a sociedade deve assumir parte das iniciativas para solução dos problemas sociais, dados os limites fiscais do Estado.

As realidades nacionais são muito distintas entre si, não podendo confundir-se, por exemplo, a situação de certos países africanos onde o descontrole governamental, é quase absoluto e as ONGs funcionam quase como substitutas do governo, com a da América Latina, onde essas organizações ocupam um lugar secundário. A experiência brasileira de promoção da participação da "sociedade civil" e das ONGs aponta várias limitações, problemas e potencialidades:

• À medida que crescem, as ONGs tendem a depender de financiamentos públicos. De certa forma mais que uma alternativa ao Estado, essas entidades funcionam como mecanismo através do qual o Estado subcontrata ou terceiriza serviços. Isso, em si mesmo, é legítimo, mas pode transformar-se num mecanismo que permita ao Estado não assumir claramente suas responsabilidades nos programas sociais operacionalizados por essas organizações.

• O discurso de mobilização da sociedade para resolver seus problemas está em geral associado, inclusive no Primeiro Mundo, à diminuição da responsabilidade do governo na área social. É importante separar, portanto, as áreas que são responsabilidade do governo (subcontratadas posteriormente a terceiros ou não) daquilo que pode ser transferido à sociedade. As ONGs não podem substituir a necessidade de um sólido serviço de assistência social mantido com recursos públicos, nem políticas sociais de sustentação, apoio e promoção dos setores necessitados. Isto não exclui que, no Brasil, onde não há tradição de filantropia empresarial, a idéia de empresa-cidadã tem um enorme espaço para desenvolver-se (ainda que ela tenda a diminuir nos períodos de recessão econômica, exatamente em que os problemas sociais se agravam).

• Outra crítica à valorização excessiva das instituições da sociedade civil no Brasil é que esta se apresenta como um conjunto homogêneo, o que expressaria a dificuldade de lidar com a diversidade e o conflito de interesses particulares legítimos, desvalorizando a arena política como principal área de realização dos valores cívicos e o papel do Estado como principal articulador de interesses coletivos.[28]

Esses comentários, obviamente, não diminuem a importância das ONGs, seu impacto social, a capacidade que têm de representar ou expressar as mobilizações e necessidades de grupos locais perante o público nacional ou internacional e de mobilizar valores solidários, alem de ser uma fonte de emprego e espaço de participação para pessoas com vocação social.

Nos anos 90, um novo conceito, o de *capital social*, cujo sentido tem certas semelhanças com o de sociedade civil, passou a ser amplamente usado em ciências sociais. Desenvolvido por Coleman em sua análise dos fundamentos da teoria social,[29] refere-se à maior ou menor propensão dos sistemas sociais a promover o associativismo entre seus integrantes, em estruturas horizontais (não hierárquicas), para tratar de interesses comuns e comunitários, tendo como conseqüência principal o desenvolvimento da confiança mútua, cujos efeitos benéficos se estenderiam às outras áreas da vida social. Usado, por exemplo, para explicar o sucesso do norte da Itália pela sua riqueza associativa,[30] esse conceito é antinômico a outro — o de amoralismo familiar — desenvolvido, em referência ao sul da Itália para explicar os problemas desta região pela pobreza associativa.[31] O capital social está estreitamente relacionado ao conceito de confiança (*trust*), que muitos autores consideram fundamental para o funcionamento da sociedade moderna.[32] Participando das mais diversas associações, as pessoas desenvolveriam relações de confiança entre si.

Talvez por ser passível de tratamento quantitativo, o conceito de capital social foi rapidamente apropriado por organismos internacionais que, depois de descobrir a importância das instituições para o desenvolvimento econômico, passaram a buscar instrumentos de medição e análise que facilitassem as comparações entre os diversos países.

Indicador genérico relevante, o capital social não pode ser tratado, porém, como um conceito explicativo cujo conteúdo e conseqüências podem ser dissociadas do contexto histórico e sociocultural em que é aplicado. Como mostram estudos recentes, o aumento do capital social de uma sociedade não tem necessariamente como conseqüência uma maior confiança no sistema político ou mesmo nas instituições democráticas.[33] Da mesma forma, no Brasil, desde a década de 70, expandiram-se enormemente os sindicatos, entidades filantrópicas e ONGs das mais variadas orientações. Embora socialmente relevante e expressando uma vontade participativa e solidária, essa expansão não resultou diretamente no fortalecimento das estruturas partidárias e representativas ou em um aumento de confiança na democracia. Ao contrário, em certos casos tais processos associativos são substitutos ou sucedâneos da participação partidária ou produto mesmo da perda de confiança no regime político.

Deve-se portanto tanto conhecer a quantidade de associações como analisar as razões desse associativismo e que valores e condutas favorecem. Certas formas de associação são profundamente excludentes e xenófobas (por exemplo, certos grupos religiosos e nacionalistas) e outras promovem o fanatismo banal e/ou destrutivo (como certas torcidas organizadas no esporte). Certos tipos de sociabilidade, como a brasileira, valorizam por sua vez o associativismo informal (o grupo do bar, a turma da *pelada*, os amigos de bairro que se juntam para fazer um churrasco ou ir à praia), que as estatísticas têm dificuldade de captar. A unidade social (grupos religiosos, étnicos, de bairro etc.)

em que se dá a associação, seus objetivos específicos e relações com o mundo exterior são decisivos para as conseqüências sociais que poderá ter sobre seus integrantes e sobre a sociedade.

Diáspora brasileira Finalmente devemos mencionar entre as identidades coletivas emergentes o surgimento de uma diáspora brasileira, especialmente nos Estados Unidos, onde certas cidades, como Miami e Nova York, chegam a ter uma presença local expressiva. Isso sem mencionar o importante contingente de descendentes dos imigrantes japoneses (o Brasil tem a maior comunidade de origem japonesa no exterior) que vão trabalhar como assalariados no Japão mas que na sua imensa maioria retornam ao Brasil.

Essa diáspora, além de ser fonte de divisas para o Brasil, tem um papel importante na internacionalização da cultura brasileira, seja oferecendo cursos de capoeira, abrindo restaurantes de comida "étnica", organizando carnavais locais, divulgando a música ou criando mercados para os produtos brasileiros. Sem dúvida o retorno constante dessa população da diáspora, associada à internacionalização das classes médias através de viagens e estudos no exterior, favorece o intercâmbio de inovações sociais, econômicas e culturais e o processo de integração do Brasil no processo de globalização.

Discursos societários e os novos construtores de identidade

Ter calendário próprio é uma das expressões máximas da capacidade de uma cultura ou civilização de criar sentido e construir fronteiras sólidas. A experiência fracassada dos revolucionários franceses em introduzir um novo calendário é o indicador mais expressivo da tentativa jacobina de romper radicalmente com a cultura cristã precedente e seus valores encarnados no velho calendário gregoriano. Embora poucos povos integrados à modernidade consigam preservar um calendário próprio, todos os Estados nacionais tentaram imprimir ao calendário cristão ocidental sua marca particular, com seus dias festivos, sua temporalidade nacional.[34] O fato de várias festas, como o 1º de Maio, terem cruzado fronteiras indica, por sua vez, a fragilidade do Estado moderno (e do cristianismo) para manter isoladas suas temporalidades e é sinal de que a globalização cultural vem sendo construída de há muito.

Os Estados nacionais fizeram um esforço colossal para deslocar para o âmbito privado a diversidade de identidades culturais e religiosas preexistente, tentando construir em torno da vida pública nacional ritos coletivos e sentimentos excludentes em relação a outras formas de comunidade. Isso criou um profundo dilaceramento entre as várias dimensões da subjetividade individual e o mundo definido pelo poder político, tornando-se uma das principais fontes de misérias do mundo moderno sob a forma de fanatismos nacionalistas que não suportam a diversidade de vínculos, identidades e fidelidades a várias comunidades.

Essa temporalidade nacional(ista) começou a entrar em crise com as transformações sociais da modernidade de fim de século XX e os processos de globalização. A nova temporalidade é de difícil apreensão. O conceito de condensação espaço-temporal desenvolvido por Giddens[35] é particularmente útil como metáfora da eliminação do espaço e do tempo graças à instantaneidade da comunicação, o que nos tempos atuais converge com outro processo: o fim da sensação de temporalidade histórica. Se por um lado a temporalidade histórica deixa de existir com a perda da sensação de que é possível mudar os sistemas sociais,[36] a temporalidade individual passou a ser um campo de intervenção e reinvenção permanente graças a técnicas psicológicas, de auto-ajuda, ou ao uso crescente de produtos químicos.

A subjetividade individual, que fora expulsa da vida pública para o mundo privado, passou a ocupar um espaço legítimo no fim do século XX, depois de se haver retraído com o avanço avassalador do Estado nacional secular, seja pelo desenvolvimento de movimentos sociais, particularmente o feminismo, em que se misturam o público e o privado, seja pela retomada do espaço publico pelos grupos religiosos. O espaço público da nação diminui de importância (sinal dos tempos: a tendência a substituir o exército de recrutas por soldados profissionais), assim como se reduz o poder de instituições direta ou indiretamente ligadas ao Estado (partidos políticos, sindicatos).

As novas identidades sociais, nas sociedades urbanas do final do século XX, são *part-time*, montagens *ad hoc* em permanente mudança, constituídas a partir de uma variedade de componentes, em que as ideologias seculares perderam o poder de formular visões totalizantes do mundo. Construir um tempo histórico nacional *dentro* de um tempo histórico global é um desafio enorme, inclusive porque a mudança social é tão rápida que retira o tempo à necessária maturação para elaborar e decantar novas propostas e experiências institucionais.

A intelectualidade em geral e os cientistas sociais em particular ocuparam nos últimos cinqüenta anos, no Brasil, um lugar singular como formuladores de projetos para o Estado nacional, que criassem um "tempo brasileiro". Com o surgimento de uma sociedade de consumo e a democratização, o espaço desse grupo foi enormemente reduzido. Os antigos intelectuais ligados a projetos liderados pelo Estado, geralmente economistas,[37] sociólogos, cientistas, políticos e antropólogos, continuam no entanto a ocupar um lugar importante no debate político, pois a sociedade brasileira apresenta problemas sociais de tal monta que sua fragmentação simbólica não chega a eliminar a exigência de algum tipo de formulação englobante.[38] A diferença é que o cientista social deve lutar por ocupar um espaço específico, limitado, inclusive dependendo da cooperação dos meios de comunicação de massa, aos quais deve adaptar sua mensagem, perdendo boa parte da especificidade.[39]

Se, como indica Bauman, os intelectuais têm se transformado de "legisladores" em "intérpretes",[40] não significa que não tenham surgido novos "legisladores", embora não autodefinidos como intelectuais. Estes novos elaboradores do discurso e auto-imagem da sociedade mudaram em boa medida de objeto (que não é mais a sociedade nacional) e de patrão (que deixou de ser o Estado). Se o "antigo" intelectual se vê cada vez mais marginalizado do palco da história, novas categorias de "legisladores" ocupam novos espaços, têm novos públicos e produzem novas temporalidades e identidades:

- Novos "legisladores" de organismos internacionais. Grupo geralmente anônimo, formado por técnicos de grandes burocracias, que apresenta uma variedade de modalidades, incluindo desde promotores da globalização dos mercados financeiros a defensores dos direitos das crianças.

- Administradores de empresas (formados pelos cursos de administração de empresas que, junto com as escolas de comunicação, se apropriaram de boa parte do discurso e da clientela estudantil que anteriormente buscava as ciências sociais) e executivos famosos, que ensinam como "triunfar numa economia de mercado".

- Dirigentes de movimentos sociais globais e ONGs internacionais, voltados, entre outros temas, para a ecologia, feminismo e direitos humanos. Esse grupo criou um espaço e mobilizou apoio considerável de organizações internacionais, mantendo como horizonte a formação de um espaço público mundial.

- Produtores de imagem, especialistas em marketing e vendas, criadores de novas categorias de consumidores e estilos de vida (*life styles*). Nesse setor está uma das maiores concentrações de recursos humanos e materiais especializados no mundo social.

- Comunicadores, criadores de programas e tele-novelas, apresentadores de rádio e televisão e colunistas de revistas e jornais.
- Cantores, compositores e artistas famosos.
- Os novos heróis societários, os mais diversos ídolos do chamado *star system*, seja no mundo dos esportes, da mídia ou dos negócios.
- Líderes espirituais das mais diversas religiões e grupos esotéricos e especialistas em auto-ajuda.

As transformações no sistema de representação política e as modificações das identidades coletivas, nas áreas de conflito social e das questões que mobilizam os diferentes setores sociais, geram um deslocamento dos mecanismos e instituições através dos quais se expressa o conflito social, dando cada vez mais proeminência, como veremos no próximo capítulo, ao Poder Judiciário.

VI

Novas tendências do conflito social: entre a juridificação e a judicialização

Introdução à era dos direitos

Na sociedade moderna a formação de identidades coletivas está geralmente associada à aquisição de direitos, assim como inversamente, novos direitos criam ou consolidam identidades, interesses e discursos sobre a sociedade. A noção de direitos universais (inclusive o direito à diferença) se transformou na linguagem comum das instituições globais emergentes e em torno deles se organizam os novos movimentos sociais e os novos conflitos ideológicos. Nesse contexto, os conceitos de juridificação e judicialização aparecem como instrumentos que permitem articular os processos macrossocietários com o sistema de leis e o poder judiciário.

A *juridificação* da sociedade, como todo conceito que entra na moda, transforma-se em uma noção que cobre um vasto território de questões e pontos de vista, por vezes complementares, por vezes contraditórios. De acordo com Habermas,[1] essa noção (*Rechtstaatbestände*, em alemão) surgiu na República de Weimar em referência à expansão e adensamento do direito positivo na sociedade moderna e particularmente à institucionalização do conflito de classes, à legislação trabalhista e à regulação do conflito social. O conceito de juridificação, tal como definido por Habermas, refere-se a um processo de "ondas sucessivas e cumulativas de juridificação" pelo qual as relações sociais seriam *colonizadas* pela crescente atividade reguladora do Estado.

A noção de *judicialização* da política e do conflito social foi desenvolvida dentro de um campo de discussão mais limitado ao terreno da política, referindo-se à crescente expansão do Poder Judiciário e/ou dos métodos judiciais, especialmente o poder de revisão judiciária das ações do Legislativo e do Executivo.[2]

A análise da juridificação e da judicialização da sociedade pode ser feita em vários níveis:

- O nível dos processos mais gerais de invenção de direitos, associados a grandes momentos históricos, cujo impacto se estende em processo de longa duração e afetaram todas as sociedades que se integram à modernidade.
- Os processos sociais específicos dentro dos quais surgiram e/ou foram absorvidas as diversas ondas de direitos.
- O impacto desses processos nas relações entre os poderes.
- As transformações específicas do Poder Judiciário, sua organização e composição social e ideológica.

Cada nova fase de direitos dá origem a novas interpretações do processo histórico, a narrativas que passam a valorizar certas dimensões e atores esquecidos, reprimidos ou marginalizados, como é o caso contemporâneo das novas pesquisas sobre a dominação e opressão de minorias sexuais, grupos étnicos e povos colonizados ou das novas perspectivas sobre a relação entre o Poder Judiciário e a sociedade.

Vejamos cada um desses aspectos resumidamente:

A era dos direitos[3] A idéia de uma série de ondas históricas de expansão dos direitos humanos, geradas em circunstâncias e por eventos variados, permite em grande parte evitar as críticas mencionadas anteriormente ao modelo de T.H. Marshall, que generalizava uma experiência específica (a britânica) dentro de uma perspectiva excessivamente otimista que se revelou ingênua. A noção de ondas de direitos não pressupõe que toda sociedade passe por cada uma delas, seja linear ou cumulativamente. Descreve um processo de vários séculos e cujo sentido é dado pelo momento político atual de predomínio do modelo de democracia liberal.

O processo de expansão dos direitos humanos, como indica Bobbio, é fundamentalmente uma constante afirmação e expansão dos direitos dos indivíduos face a qualquer outra instância de poder. A primeira onda, de afirmação dos direitos civis de proteção da propriedade e da vida, envolve um direito negativo, de proteção contra o poder do soberano, o direito a não ser oprimido, expropriado, maltratado.

A segunda onda, relacionada à participação política, de universalização dos direitos à livre organização, expressão e voto, envolve um conjunto de direitos que se afirmam não contra o Estado mas dentro dele, pois já não se trata de limitar negativamente a ação estatal contra o indivíduo mas de assegurar a participação dos indivíduos na definição dos destinos da comunidade de cidadãos.

A terceira onda de direitos está ligada ao surgimento do *welfare state*, a medidas de proteção dos desempregados, dos menores e dos inválidos, e a mecanismos de universalização do acesso à educação, à saúde e à moradia. Nesse estágio, os direitos são adquiridos através do Estado. É uma onda de direitos ligada ao mundo do trabalho, à melhoria das condições de trabalho e proteção contra o desemprego.

A quarta geração de direitos é associada por Bobbio em particular à ecologia. Tende a expandir-se a outras áreas e inclui uma série de novos sujeitos em que passou a ser subdividido o cidadão (para além do cidadão-trabalhador) e de objetos que se tornam titulares de direito, o que complica as relações com a questão tradicional do direito que é o indivíduo responsável por seus atos. Entre esses objetos cabe mencionar o meio ambiente,[4] os animais,[5] o feto e o conjunto de fenômenos associados à reprodução em geral, além de outras problemáticas também criadoras de sujeitos de direito, como o direito das vítimas — entre as quais, grupos étnicos e sexuais —, e que se referem muitas vezes a atos cometidos por outras gerações e cujos participantes, inclusive, já não estão vivos.[6] Assim como a visão ecológica criou uma nova perspectiva de direitos pertencentes às gerações futuras,[7] o direito das vítimas gera direitos presentes por danos infligidos a gerações passadas.

Podemos levantar a hipótese de que nos achamos no limiar de uma quinta onda de direitos, que aqui tratamos como parte da quarta leva e que tratará de questões decisivas para a humanidade por seus aspectos irreversíveis, questões relacionadas a tecnologias aplicadas ao ser humano enquanto espécie, em especial a engenharia genética e as novas formas de reprodução e futuramente os mecanismos de integração entre sistemas informáticos e a mente humana.

É importante ressaltar que essas ondas tiveram pontos de partida mas nunca chegaram a adquirir um contorno final. Em outras palavras, cada um desses direitos está em permanente desenvolvimento e mutação; a quarta onda, inclusive, pode ser considerada em boa parte um aprofundamento da primeira onda de direitos civis.[8] Tampouco a expansão do conjunto de direitos é um simples processo cumulativo. Na verdade, é um processo que apresenta, em vários sentidos, relações conflitantes e contratendências, tanto no âmbito dos valores como de sua aplicação prática:

• Como assinala Bobbio, a relação entre vários direitos é por vezes de caráter contraditório e mesmo antinômico:[9] enquanto certos direitos exigem do poder público uma atitude minimalista, outros, particularmente os da terceira e quarta ondas, têm participação ativa do Estado. O que significa que os direitos não podem ser absolutizados e que não se deve buscar a realização integral de um direito, sob pena de se anular ou desconhecer a existência dos outros.[10] A afirmação de um único direito sobre todo o resto pode levar tanto a posições conservadoras como totalitárias.[11] Assim, os conflitos entre visões liberais, socialistas ou ecológicas, por exemplo, não expressam simplesmente um problema de opção ideológica ou de interesses particulares que poderiam ser superados em forma racional. Embora exista uma utilização ideológica do conflito de direitos (ou, se preferirmos, embora o conflito ideológico no mundo moderno se organize em função da ênfase que se dá a certos direitos face a outros), as ideologias expressam não só interesses como procuram soluções coerentes para um problema constitutivo dos direitos humanos, cujas relações são por natureza complexas e contraditórias.

• Às contradições no âmbito dos valores, mencionadas anteriormente, deve-se acrescentar as incongruências no nível das instituições principais constitutivas da cidadania moderna: o indivíduo e a comunidade nacional.[12] Apesar do esforço dos sistemas jurídicos modernos em apresentar um corpo teórico coerente e racional de leis, esses dois componentes acham-se em permanente tensão e conflito, expressos nos ideais do indivíduo livre para realizar suas opções e nos da igualdade e bem comum (e que, traduzidos em mecanismos sociais, incorporam-se em grande parte nas instituições do mercado e da propriedade privada e nos sistemas distributivos e serviços públicos regulados pelo Estado). Igualmente, a cidadania, como encarnação dos princípios dos direitos individuais e da sobrevivência do conjunto de uma comunidade, tem dificuldades para integrar categorias de sujeitos sociais ou coletividades intermediárias entre o indivíduo e a comunidade, como foi a seu tempo o reconhecimento dos sindicatos e, hoje, o dos grupos raciais, sexuais e de minorias culturais ou categorias transnacionais, como as identidades religiosas e diaspóricas.[13]

• A visão crítica da juridificação da sociedade, em particular a desenvolvida por Habermas,[14] como um processo de colonização interna da vida social pelo Estado, de burocratização, disciplinamento e controle das relações sociais converge em certa medida com as críticas liberais ao Estado de bem-estar social. Uma vez que a base da sociedade capitalista é a propriedade privada e a distribuição desigual da riqueza e do poder, toda tentativa de criar um sistema mais igualitário passa pela ação do poder estatal e seus aparelhos burocráticos, gerando tendências de controle social e de intervenção crescente nas relações sociais. Mas se o capitalismo e seus conflitos distributivos estão na base da juridificação da sociedade, outros fatores atuam na mesma direção como a crescente individualização das relações sociais e o fim dos sistemas tradicionais de valores, o que leva a uma contratualização de intercâmbios (marido e mulher, pai e filho, professor e aluno) que, antes, estavam em boa parte fora da ação e controle do Estado.

• Outra tradição crítica ressalta que a aplicação dos direitos foi na prática bastante restringida por mecanismos que limitavam seu exercício efetivo. Assim, por exemplo, a organização burocrática dos partidos políticos acabou por reduzir a participação política ao ato simbólico de votar e os direitos sociais não garantiram aos jovens das camadas mais desfavorecidas condições efetivas de competição no mercado de trabalho.

• A quarta onda de direitos, especialmente a de movimentos sociais que reivindicam identidades coletivas com direitos diferenciados — minorias étnicas, raciais, religiosas, sexuais — em nome da igualdade de oportunidades, gerou tendências que muitos autores apontam como possível fonte de desintegração do sentimento de fazer parte de uma comunidade cultural e de respeito pela liberdade individual, fundamentais para a existência da cidadania.[15] Essa onda produz uma crescente "especificação" dos titulares de direitos, desde o genérico cidadão às mulheres, crianças, inválidos, índios, velhos, deficientes, etnias etc., grupos que se formam fora do âmbito do trabalho e que apresentam composição social heterogênea, visando mais a fins do que meios, com exigências que podem acabar tendo mais valor simbólico que material, e que, além disso, tendem a enfraquecer a luta pelo igualitarismo social associado às reivindicações tradicionais do movimento operário por melhores condições materiais de vida e acesso a bens de consumo coletivo. A ênfase em novos direitos, independentemente das condições efetivas em que se estrutura o sistema produtivo e distributivo, particularmente no caso dos grupos "vitimizados", pode dar origem a um sistema de compensações simbólicas, deixando de lado os problemas materiais "tradicionais" dos setores mais pobres da população.[16]

• Talvez mais problemático a médio e longo prazos seja o conjunto de processos que dissolvem as fronteiras entre os sujeitos e entre vida privada e vida pública. Esses processos estão ligados à erosão dos valores religiosos, secularizados mas não destruídos na primeira fase de modernização (como foi o caso da família), e ao deslocamento das fronteiras entre homem e natureza pelas novas tecnologias. Sem considerar os problemas crescentes que surgirão com as tecnologias de controle e vigilância telemática e de engenharia genética, já se enfrentam problemas relacionados à permanência de direitos de pessoas legalmente mortas mas congeladas (que desejam, portanto, manter o controle sobre suas propriedades para quando "ressuscitarem"), de maternidade das mães de aluguel que "emprestam" o ventre ou de parternidade de homens que doam sêmen, de patenteamento de genes e de acesso à imagem[17] e a informação genética. São problemas que afetam os direitos humanos de modo profundo e permanente e que podem contrapor o indivíduo — aquele que, por exemplo, aceita uma mutação genética que poderá ser transmitida — já não à sociedade mas à espécie humana.

• A acumulação de direitos, confirmados inclusive por convenções internacionais mas não efetivamente aplicados em nível nacional, cria uma distância entre a realidade discursiva e sua aplicação (muitos juristas os denominam direitos "programáticos", um horizonte mais que uma obrigação efetiva e atual do Estado), o que pode ser tanto um desafio como fonte de desmoralização da idéia de direitos. A universalização dos direitos humanos através de acordos e declarações de organismos internacionais, em particular da ONU, abriu espaço a uma visão transnacional dos direitos, apesar da inexistência de mecanismos para sua efetiva aplicação. A tutela internacional dos direitos humanos só seria efetiva se fosse criada uma jurisdição mundial com recursos para impor-se às jurisdições nacionais, o que implicaria o surgimento de uma efetiva cidadania internacional.

Bases sociais do processo de juridificação Os processos sócio-históricos através dos quais se cristalizaram as quatro grandes ondas de direitos, com seus diferentes matizes nacionais, são descritos por vastíssima bibliografia. Só para recapitular, tomando como referência simplificada a experiência européia, a primeira onda de direitos está ligada à constituição da sociedade burguesa, de defesa contra o

Estado absolutista e criação de um direito que protegeu a propriedade privada (contra o soberano), garantiu a livre circulação de mercadorias e o respeito pelos contratos, privatizou a terra e perseguiu os "vagabundos" a fim de criar um proletariado industrial.[18] A Inglaterra é a referência clássica dessa primeira fase de constituição do sistema jurídico moderno, a que deve acrescentar-se o papel das guerras religiosas na consolidação dos valores de tolerância e separação entre espaço público e privado. A segunda fase, exemplificada e divulgada sobretudo pelas revoluções francesa e americana, está ligada ao ingresso de grupos sociais mais amplos (camponeses e amplos setores urbanos) no processo político, tendo produzido a abolição dos regimes absolutistas por repúblicas ou monarquias constitucionais. A terceira fase está ligada à luta dos sindicatos operários e aos partidos radicais e socialistas e a revolução russa. Finalmente, a quarta fase tem origem mais difusa, embora particularmente associada à luta feminista, ecológica e das minorias étnicas e raciais.

De acordo com a divisão de Habermas, a primeira fase é de juridificação da legitimação do Estado em função de seu papel na reprodução da ordem moderna. A segunda fase é de juridificação do processo de legitimação do próprio poder do Estado. A terceira fase (a atual, segundo Habermas) é a da legitimação por ampliação da juridificação das garantias de liberdade.

Relação entre os poderes[19] Tomando novamente como referência a experiência européia, a primeira onda de direitos está ligada à consolidação dos parlamentos como contrapesos de poder frente aos governos absolutistas e à formação de uma burocracia especializada e dedicada exclusivamente à aplicação da lei. A segunda onda de direitos (período do Estado liberal) está ligada à separação dos poderes, com o lugar central ocupado pelo Legislativo e a transformação do Judiciário num poder subsidiário, aplicador de leis neutras, de forma reativa e tendo os indivíduos como sujeito. A terceira onda, de intervenção crescente do Estado na organização social (constituição do Estado de bem-estar social), transfere o protagonismo central para o Poder Executivo e seus diversos órgãos técnicos e tecnocratas, com o Judiciário começando a ser chamado para dirimir questões políticas fundamentais, produto do conteúdo antinômico com o individualismo possessivo dos novos valores centrados nos interesses coletivos e distributivos.

Finalmente, a quarta onda coloca o Poder Judiciário no centro do sistema político, em grande parte em confronto com os outros dois poderes, que sofrem uma erosão de legitimidade e transferem para o

Judiciário (entre outros através da crescente privatização de serviços públicos) os conflitos que antes se resolviam na arena política. Essa confrontação produz, por sua vez, uma reação dos poderes Executivo e Legislativo, que tentam novos mecanismos de controle do Judiciário (através do orçamento, da nomeação de juízes, de sistemas externos de auditoria).

A transferência crescente de poder para o sistema judiciário estaria associada tanto às características da nova onda de direitos e a seus novos titulares e objetos quanto a processos envolvendo a dinâmica dos outros poderes, particularmente a crise de participação e representação política, os processos de desideologização e a perda da aura dos cargos políticos. Igualmente, no transcurso deste século, as novas constituições que foram surgindo, como produto de guerras ou traumas políticos, passaram a incluir novos direitos, o que aumentou as interfaces entre os litígios sociais e os fundamentos do sistema jurídico, gerando maior ativismo dos tribunais.

Um dos fenômenos políticos que desestabilizam as relações entre os poderes, cujo exemplo mais conhecido é a operação "mãos limpas" na Itália, é o papel do Judiciário como fiscalizador do Executivo e do Legislativo quando estes se envolvem em escândalos de corrupção.[20] Esses escândalos geram material sensacionalista que alimenta os meios de comunicação de massa e dão ao Judiciário uma grande visibilidade, transformando alguns juízes em verdadeiros heróis ou figuras políticas nacionais.[21]

A balança dos poderes, que pende para o Judiciário, também foi afetada por processos societários mais amplos. A ideologia centrada no consumidor transferiu-se para as relações com o Estado, com o cidadão sendo considerado um cliente que tem direito a reclamar se achar-se prejudicado pelos serviços públicos, o que abre um amplo espaço para ações judiciais contra o Estado. Surgiu também uma série de novas áreas de decisão legal associadas às novas tecnologias, em especial as técnicas de reprodução e os sistemas de armazenagem de informação e vigilância, que transferem à ordem legal problemas éticos e morais que em princípio não estariam no campo de suas atribuições.[22]

A transformação do Judiciário É difícil generalizar as experiências nacionais de formação e transformação do Judiciário, suas prerrogativas, organização interna e orientações ideológicas, assim como a dinâmica de recrutamento e mudanças de composição social. Se nos concentrarmos apenas nas transformações do Judiciário relacionadas à quarta onda de juridificação da sociedade, os processos mais expressivos são:

• A crescente tendência ao que Mangabeira Unger chama de "substancialização" da Justiça, pela qual os juízes devem levar em consideração tanto a igualdade diante da lei e as regras processuais como questões substantivas de valores sociais.[23] Um dos efeitos desta tendência é que o direito civil (predominante na Europa continental e na América Latina) se aproximasse do direito consuetudinário (predominante nos países anglo-saxões). Enquanto o direito civil defende a aplicação neutra da lei, valorizando as dimensões processuais e universais da lei, o direito consuetudinário é mais sociológico, levando em consideração aspectos circunstanciais e recorrendo mais seguido aos júris populares.

• O papel cada vez mais importante das cortes constitucionais e sua ação de revisão das medidas legislativas e executivas.[24] A capacidade interpretativa da lei termina conferindo de fato a esses tribunais um caráter gerador de leis, o que aumenta a politização do processo de indicação dos seus membros.

• Os efeitos da transformação interna da composição social do Judiciário, com a entrada de jovens de classe média baixa e a crescente participação feminina, sem tradições estabelecidas de deferência aos outros poderes, com uma sobrecarga de processos pelo crescente caráter contratual da sociedade moderna e o aumento da violência, em condições materiais de trabalho geralmente precárias. Essa situação gerou maior ativismo sindical e uma certa radicalização ideológica, pelo menos no sentido de os juízes não se considerarem mais obrigados a sancionar a vontade política ou os privilégios estabelecidos do Executivo ou do Legislativo.

Razões e conseqüências sociológicas do estágio atual de juridificação da sociedade A crescente transferência para o Judiciário da solução dos conflitos sociais reflete um problema de fundo da sociedade democrática de fim de século e do novo milênio, que é a dificuldade do sistema de representação, em particular dos partidos políticos, de transformar-se em articuladores dos novos sujeitos sociais. Isso ocorre seja porque muitas vezes os novos sujeitos sociais se organizam em torno de identidades coletivas (religiosas, étnicas) que se colocam à margem dos ideais republicanos ou enfatizam identidades parciais não universalizáveis e de caráter difuso, seja porque estão articulados a movimentos sociais globais cuja lógica de atuação escapa à política nacional.

Para o Judiciário esse problema é agravado pelas crescentes pressões que sofre com o aumento da demanda de seus serviços, dado o caráter cada vez mais contratual de todas as relações sociais, com a erosão dos sistemas convencionais e tradicionais de poder e solução de conflitos, a complexidade cada vez maior do campo de atuação do sistema judiciário, o surgimento de novos sujeitos sociais que reivindicam direitos e uma tendência crescente à morosidade dos processos judiciais cujas razões não são sempre óbvias.

A transformação do papel do Judiciário expressa e gera uma série de problemas societários:

- Uma crise de valores, recolocando em questão os fundamentos mesmos em que se assenta a sociedade democrática, crise associada aos processos de perda de confiança no futuro da humanidade e aos desafios apresentados pelas novas tecnologias, que incluem dimensões a exigir a intervenção de especialistas diante dos quais a população se sente alienada e que mobilizam problemas éticos que o sistema político (pressionado ademais por interesses privados) tem dificuldades em elaborar.

- Crise de comunicação intra-societária pelo fortalecimento, ressurgimento ou criação de uma série de novas identidades que não aceitam a existência de um espaço público comum nem a soberania do Estado democrático sobre decisões relativas à organização da ordem social. Isso diz respeito em particular a grupos religiosos, mas em certa medida inclui minorias étnicas ou grupos de identidade com mensagens de forte componente ético ou transcendental, que colocam em questão as bases morais do sistema jurídico moderno (o individualismo e a liberdade de consciência). Mesmo quando estes grupos reconhecem a legitimidade do sistema democrático, a fragmentação de direitos e de sujeitos sociais que os acompanham dificulta os processos de representação partidária.

- Uma nova fase de dessacralização do Estado[25] e da sociedade, fenômeno de longa duração mas acelerado pelos processos de globalização e pelas ideologias privatizantes que igualam o Estado a uma empresa. A sociedade secularizada transferiu a linguagem religiosa e moral do bem e do mal para uma linguagem dos direitos humanos, e a desmoralização dos poderes Executivo e Legislativo transferiu ao Poder Judiciário as expectativas de proteção e exemplaridade. Como se trata de um órgão não eletivo, essa supervalorização do Judiciário é perigosa para o regime democrático, pois leva para o campo jurídico-moral decisões que deveriam ser negociadas no campo político.[26]

• O afastamento entre o sistema jurídico e o âmbito do Estado nacional, fenômeno associado à formação de uma sociabilidade global, e a crescente superposição de novos sistemas de direito, em especial de ordem supranacional, cuja fonte de institucionalização ou de sanção se encontra fora da soberania do Estado.[27] Em particular todos os direitos do homem, da mulher e da criança, mas também os direitos ecológicos, relacionados e sancionados pelas instituições internacionais e a legislação sobre fluxos de bens e serviços. Mesmo que muitos desses direitos sejam subscritos pelos próprios Estados nacionais, isso não encobre o fato essencial de que nos encontramos face a uma dimensão que escapa à soberania do Estado, transformando o Judiciário numa instituição que em certa medida pode considerar seu poder como emanando de fora do campo do sistema político nacional.[28] Nesse contexto, o conceito de "sociedade de direitos"[29] parece-nos particularmente apropriado, na medida em que faz referência a um problema central, o da justaposição de direitos com jurisdições diferentes.

• Paralelamente ao processo anterior de constituição de um direito global se produzem acordos internacionais entre países dominantes — sobre comércio, patentes, normas técnicas, luta contra o narcotráfico[30] — que têm de fato um efeito impositivo sobre o resto do sistema mundial. O que por sua vez coloca novos problemas e desafios à gerência dos assuntos internacionais para o sistema judiciário.

• Na medida em que a juridificação da sociedade se constrói pela transferência para o Judiciário dos conflitos sociais que não encontram canais de solução nos sistemas tradicionais de representação (Executivo e Legislativo), ela modifica a relação entre os poderes, gera a crescente politização do Judiciário e afeta sua capacidade de funcionamento como poder responsável pela aplicação das leis, aumentando seu campo de arbítrio, criando um potencial de tensão e rompimento com o sistema representativo. Se no capitalismo o Judiciário teve como função central integrar a sociedade, transformando em universais certos valores e despolitizando o conflito em torno deles, a judicialização da sociedade politiza o Judiciário e retira seu caráter apolítico e capacidade integradora.

• As demandas crescentes sobre o Judiciário aumentam sua morosidade e custos, o que redunda particularmente no fato de que o acesso à Justiça passa a ser proibitivo para os mais desfavorecidos, o que permite aos mais poderosos, quando os favorece, proteger seus interesses refugiando-se em longos processos judiciais.[31] Isso sem levar em conta que os mais desfavorecidos têm menos conhecimento de seus direitos e menos acesso à assistência jurídica. Dessa forma, paradoxalmente, à medida que aumenta a importância do Judiciário, em parte como expressão de um processo de expansão de direitos, os setores mais pobres têm menos condição de acesso à Justiça, o que leva os atores sociais em geral a buscar mecanismos mais eficazes, rápidos e baratos para resolver seus litígios fora do sistema judiciário.

O paradoxo dos tempos atuais é que, se por um lado o individualismo está corroendo as bases das instituições tradicionais de solidariedade coletivas, em particular o Estado, por outro lado o espaço público (associado e apoiado nas novas tecnologias) invadiu todas as áreas que eram consideradas parte do mundo privado individual. Nesse novo milênio, não é mais óbvio o que é espaço público e o que é espaço privado. A seguir analisaremos ambas as tendências mais detalhadamente:

• Como indica Bobbio,[32] a história dos sistemas políticos modernos é a da transformação do súdito de um sistema de poder ao qual reivindica direitos em cidadão gerador de direitos que esvaziam o poder e lhe retiram sua aura própria.[33] Esse modelo "individualista" da vida social gera, por sua vez, identidades que sustentam as mais diversas formas de associativismo infra e supranacional, que convergem com e reforçam a crise do sistema de representação baseado em partidos que disputam o poder do Estado. O enfraquecimento das instituições representativas e da capacidade do Estado de gerar legitimidade está produzindo uma profunda crise nas sociedades que mantiveram certas características "orgânicas", como é o caso das sociedades européias continentais, e ainda mais as asiáticas, onde a cidadania espera do Estado certo nível de proteção e orientação valorativa, ou mesmo de sociedades como a brasileira, em que o Estado protegia as classes médias. Como associar o individualismo crescente com mecanismos de solidariedade e como integrar as novas formas de associação — religiosa ou não — com um Estado associado a um projeto cultural unificador é o desafio atual de grande parte das sociedades modernas.[34]

• A expansão do movimento em defesa dos direitos humanos para novas áreas e o impacto das novas tecnologias, especialmente as relacionadas à genética, à reprodução humana e à telemática, implicam cada vez mais na regulação de aspectos da vida pessoal que em outras épocas eram associados à vida privada. Assim, se por um lado o individualismo se expande, o mundo privado se contrai. O universo público invade o universo privado, que é cada vez mais regulado, vigiado e controlado, processo que, como vimos, foi chamado por Habermas de *colonização interior*. Os indivíduos, por sua vez, perdem interesse pelo mundo público representado no Estado e nas organizações partidárias. Dentro dessa nova configuração, a elaboração de projetos societários que objetivam o bem comum não desaparece, mas deixa de se concentrar no Estado. Com isso, começam a surgir dúvidas sobre a capacidade da democracia para enfrentar os desafios constituídos pelas novas dinâmicas econômicas, culturais e tecnológicas.

O caso brasileiro

A bibliografia brasileira teve como principal foco de atenção, até o começo dos anos 90, a questão do acesso dos setores menos privilegiados à Justiça, em particular no tocante a problemas de violência, abuso policial, precariedade do sistema penal e impunidade dos grupos dominantes. Outros trabalhos mostraram a existência de sistemas legais alternativos, o papel da polícia como árbitro de conflitos localizados, o papel social do juiz local e a postergação da decisão judicial, dados os (inadequados) instrumentos legais para enfrentar os problemas colocados pelos movimentos sociais.

Os trabalhos de análise e denúncia dos descalabros do sistema policial e dos limites do Judiciário dão por vezes uma visão limitada da penetração e dos efeitos reais da juridificação da sociedade e da presença efetiva do sistema policial e do Poder Judiciário no cotidiano dos grupos mais pobres da população. Noções como a de direitos da criança contra a violência dos adultos e da mulher contra a violência masculina passaram a fazer parte do cotidiano dos grupos urbanos pobres, confirmando a hipótese de que a juridificação da sociedade avança em contextos onde não está presente a desigualdade econômica ou interesses patrimonialistas.

Nos últimos anos surgiram no Brasil muitos trabalhos sobre a composição social do Judiciário e a juridificação da política.[35] Esses estudos acompanham as transformações sociais produzidas com o processo de democratização. Durante a ditadura militar, através de sua ordem profissional (a OAB), os advogados tiveram um papel fundamental na luta em defesa dos direitos humanos, enquanto os juízes, como categoria, ficaram em segundo plano. Com o retorno à normalidade democrática, embora as entidades de advogados preservem um peso relativo importante, esses profissionais voltaram a seu papel tradicional na defesa de clientes individuais, enquanto as cortes de justiça e promotores públicos passaram a ocupar o centro da cena.

As organizações de juízes são cada vez mais atuantes, produzindo propostas políticas para o setor numa perspectiva de democratização da sociedade.[36] Esse processo está associado à mudança na composição social dos seus quadros — renovação social e de geração —, à crescente autonomia de juízes e procuradores públicos face ao governo central, à transformação das atividades do Judiciário em objeto de interesse dos meios de comunicação, ao papel de fiscalização dos políticos e ao enfrentamento do crime organizado. Essas transformações ocorrem tendo como pano de fundo a extrema desigualdade entre as regiões e dentro de cada uma delas. Nos estados mais pobres e nas áreas rurais de fronteira continua a predominar um Judiciário dependente do poder local, a desigualdade social militando ainda contra qualquer tendência de acesso à Justiça pelos setores populares.

A juridificação da sociedade, no caso brasileiro, apresenta-se fundamentalmente como um caso de *substituicionismo*,[37] isto é, na sua versão mais radical, espera-se que o Judiciário seja o ponto de partida da regeneração do sistema social, de luta contra a desigualdade social e o patrimonialismo. Essa tendência, por sua vez, entra em contradição com a construção, também desejável, de instituições que se aproximem do modelo weberiano de funcionários públicos especializados que atuam segundo normas universais e controláveis. Reproduz-se assim, dentro do Judiciário, a tentação que ocorria anteriormente em nível político-ideológico de violação de princípios de representação em nome das exigências de transformação social.

Nos atuais processos de judicialização da sociedade brasileira convergem vários fatores:

- *A Constituição de 1988*, com seu duplo efeito de fortalecer o papel constitucional do Supremo Tribunal Federal (STF) e de modificar as funções do lugar do Ministério Público. O STF saiu fortalecido no seu papel e foi aumentado o número de instituições que podem impetrar mandado de inconstitucionalidade. A Constituição de 1988 ampliou o campo dos direitos, por vezes com uma hiper-regulamentação dos mais diversos aspectos da vida econômica e social, aumentando enormemente a quantidade de áreas sobre as quais o Judiciário tem o poder último de decisão.[38] A Justiça tornou-se assim o recurso normal dos grupos derrotados na esfera política. O STF foi literalmente inundado por milhares de ações que se acumulam, desmoralizando a própria Justiça.

• A *Ação Civil Pública* regulamentada em 1985, novo instrumento de atuação voltado para a defesa dos chamados direitos difusos e coletivos (como os de meio ambiente, do consumidor e do patrimônio histórico e cultural), transformou-se na principal arma do *Ministério Público*.[39] Este, pela Constituição de 1988,[40] deixou de ser parte do Executivo para alcançar completa autonomia administrativa e funcional — incluindo independência para exercício do cargo, seu caráter vitalício e inamovibilidade, além da irredutibilidade salarial —, passando de defensor dos interesses do Estado a guardião dos direitos de cidadania (o que levou o governo a criar a Advocacia Geral da União para defender seus interesses específicos).[41] O surgimento de um novo poder paralelo ao Judiciário é por vezes fonte de tensão, já que o Ministério Público volta-se para uma perspectiva de interesses coletivos e difusos, enquanto a magistratura está voltada para direitos individuais.[42]

• A *inflação jurídica*,[43] produto dos inúmeros decretos e normas relacionados ao processo inflacionário e aos planos de estabilização monetária, aumentou exponencialmente as ações judiciais sobre constitucionalidade e o papel de árbitro do Poder Judiciário. Segundo Marcus Faro de Castro, 58,1% dos casos julgados pelo STJ são processos sobre política fiscal e tributária, o que indica como as questões de política econômica e monetária penetraram e se apropriaram de parte do tecido social ainda depois do fim da inflação.

• *Pressão de instituições internacionais*. A sociedade que mais influencia o debate atual sobre direitos é a norte-americana, caracterizada pelo predomínio do contratualismo nas relações sociais, produto de uma cultura individualista em permanente renovação e sem fortes tradições históricas, cuja referência são os princípios constitucionais e legais. A influência ideológica dos Estados Unidos é um dos principais propulsores da tendência atual das organizações internacionais, em especial o Bird, o PNUD e o BID, além de fundações como a Ford e a Rockefeller, a privilegiarem o financiamento de estudos e ações voltados para a modernização dos sistemas judiciais ou para a promoção de novos sujeitos sociais com padrão similar ao norte-americano.[44]

• A *substancialização* crescente dos problemas jurídicos, uma vez que a Constituição incluiu uma nova série de direitos programáticos mas irrealizáveis no contexto societário imediato, e outros — como os direitos do consumidor ou ecológicos, cujo conteúdo difuso exige que o magistrado tenha que decidir caso a caso, com um nível alto de arbítrio, a aplicação específica da lei.

• As *privatizações* transferiram ao setor privado uma série de serviços que anteriormente se encontravam em mãos do Estado. Esses serviços, em particular saúde e educação mas no futuro também aposentadorias, aumentam a pressão sobre o Judiciário, na medida em que deixam de ser serviços de empresa pública de responsabilidade direta do Poder Executivo para transformar-se em serviços privados onde os indivíduos passam a depender em grande parte da proteção do Poder Judiciário.

• A *crise da federação brasileira*, com suas dificuldades crescentes de processamento das relações entre o governo central e os estados.[45] As várias regiões e estados, com demandas sociais díspares e sem canais claros de negociação, têm um enorme potencial de transformar-se em fonte crescente de conflito, no qual o Judiciário deverá ser chamado a ocupar um lugar importante.

• O surgimento de *novos sujeitos sociais*. Sem dúvida, a questão do acesso à Justiça por parte dos grupos menos privilegiados é fundamental para o futuro da democracia, mas isso não exclui a existência de outros grupos discriminados que afetam o funcionamento do sistema político e suas relações com a ordem jurídica. Estas incluem tanto áreas tradicionais que exigem renovação, como a Justiça do Trabalho,[46] quanto os novos sujeitos sociais com perfil sociológico menos nítido em termos de estratificação social (grupos étnicos e raciais, consumidores, ecologistas, feministas, homossexuais, grupos religiosos, etários etc.). Vários estudos foram produzidos no Brasil sobre a perspectiva desses grupos,[47] mas ainda são poucos os esforços para integrar seu impacto numa análise da dinâmica da sociedade como um todo.

Ao mesmo tempo as caraterísticas do Judiciário refletem várias tendências contraditórias dadas pelo contexto da sociedade brasileira:

• O Judiciário continua a ser usado de forma patrimonialista por diversos saqueadores dos recursos públicos (proprietários de terras ou outros bens desapropriados, especuladores com títulos públicos, funcionários privilegiados, máfias especializadas em processos contra o governo) e, em certos casos por integrantes desse poder, que chegam a estar ligados a casos de corrupção, como evidenciaram, por exemplo, as denúncias apresentadas na Comissão Parlamentar de Inquérito realizada em 1999. Os casos de abuso de poder e corrupção e o interesse político de controlar o Judiciário levaram à produção de várias propostas de mecanismos para conter esse poder, que vêm sendo discutidas no Congresso.

- Dadas as desigualdades sociais extremas e as práticas patrimonialistas, o sistema jurídico no Brasil continua a ser utilizado pelos grupos dominantes para postergar e encaminhar processos de acordo com suas conveniências, enquanto os grupos desfavorecidos continuam sofrendo o peso da lei. A impunidade continua sendo a regra para os grupos dominantes, o que desmoraliza a Justiça.

- A Justiça tornou-se um escoadouro para todos os grupos sociais afetados pelas reformas da legislação trabalhista e da previdência cujos direitos foram atingidos e que buscam proteger-se invocando princípios constitucionais. O conflito principal envolve o Poder Executivo como expressão da vontade política e os interesses corporativos dos funcionários públicos, inclusive políticos e membros do Judiciário, que desejam manter e proteger os benefícios e vantagens adquiridos.

A contradição que se apresenta no Brasil é que a *juridificação* da sociedade, vista sob a perspectiva de Habermas, de colonização da vida social por normas burocráticas, é bastante limitada, mas como processo de *judicialização* da vida social, isto é, de transferência do conflito social para o Judiciário, o Brasil é, ao contrário, um caso bem avançado.

O perigo maior é que, sendo uma sociedade *juridificada* mas pouco *judicializada* (quer dizer, abundam as leis mas sua aplicação efetiva escasseia), o papel do Judiciário como vanguarda da sociedade democrática tem pernas curtas. Isso porque pode gerar tanto uma reação dos grupos dominantes como uma frustração dos grupos dominados ante a limitada eficácia que o Judiciário pode ter na sociedade. O conflito permanente com o Legislativo e o Executivo pode ter um efeito paralisante e desgastante do sistema. As reformas constitucionais têm sido na América Latina uma expressão dessa vontade de colocar a legislação no centro do processo de transformação social, mas que está produzindo uma desmoralização do Judiciário e do processo democrático. Como bem coloca Marcelo Neves, no contexto brasileiro os direitos constitucionais sofrem uma "hipertrofia da dimensão político-simbólica em detrimento de sua função jurídico-normativa".[48]

A bibliografia sobre a juridificação e a judicialização do conflito social no Brasil focaliza em geral as carências, a morosidade e a ineficiência do Poder Judiciário e as propostas para reformá-lo.[49] Esses aspectos não devem levar a desconhecer a dinâmica social das últimas décadas de absorção e defesa de valores democráticos, de luta das organizações civis e setores governamentais contra a violação dos direitos humanos, que aliás nunca foram plenamente garantidos em nenhuma sociedade moderna. Da mesma forma, focalizando unilateralmente no funcionamento do Judiciário, pode-se perder a perspectiva sociológica mais ampla sobre os mecanismos de integração social que sustentam a vida societária e funcionam através da absorção de normas e valores na conduta cotidiana. Nesse sentido, a sociedade brasileira apresenta um grau relativamente alto de consenso e interiorização de valores e normas, o que faz com que as práticas de sociabilidade e expectativas no intercâmbio diário sejam bastante previsíveis. O desafio fundamental está no patrimonialismo, que produz relações perversas entre os interesses privados e a esfera que deveria ser ocupada pelo espaço público, incentivando condutas oportunistas e o descumprimento da lei pelos diversos atores sociais.

VII
Teoria social e os futuros do Brasil

As duas visões do Brasil

As interpretações do Brasil no século XX podem ser divididas em duas grandes vertentes. A primeira contrapõe a estrutura sociopolítica do país às experiências européia e norte-americana, a partir de uma visão do que o Brasil não é ou não conseguiu ser. Essa perspectiva centrada nas carências, naquilo que o país não tem (como partidos políticos sólidos, burguesia hegemônica ou cidadania efetiva, educação etc.), foi dominante na ciência social da segunda metade do século e expressa a visão de uma classe média formada nos valores e aspirações do Primeiro Mundo. Uma segunda visão, menos elaborada intelectualmente, tem sua expressão mais importante na obra de Gilberto Freyre e foi em grande parte abandonada pelas novas gerações de cientistas sociais, mas permanece nas artes e no imaginário popular (nacional e estrangeiro): um país com cultura própria cujo principal atrativo é a capacidade de manter o sentido lúdico e o prazer da sociabilidade, em boa parte perdida nos países capitalistas avançados sob o peso de uma modernidade disciplinadora do corpo e da alma. [1]

Os processos de racionalização, disciplinamento e juridificação das relações sociais avançaram no Brasil através do mercado e de ações localizadas do Estado fundamentalmente na área econômica. O poder econômico e o poder político continuaram, contudo, profundamente imbricados, e a herança de desigualdade social e privilégios dos grupos dominantes limitou a criação de um espaço político, de um poder policial, judicial e de uma burocracia pública orientados por critérios universais e a integração efetiva da população num Estado que assegure condições mínimas de educação, saúde, emprego, renda e segurança física. Esse espaço em que se desenvolveram práticas patrimonialistas de apropriação privada do poder de Estado e o assalto aos cofres públicos também favoreceu o desenvolvimento de uma sociabilidade particularista, clientelista, substitutiva dos sistemas de proteção do Estado, e de instituições de solidariedade tanto formais quanto informais.[2]

Embora produto de vários fatores e processos históricos de longa duração, os mesmos aspectos da sociedade brasileira que aparecem de um lado como carência produziram, por outro, características que são percebidas ou sentidas como virtudes. Como ambas visões expressam elementos fundamentais da sociedade brasileira,[3] devem ser integradas criticamente, o que implica superar as análises que isolam as dimensões culturais das sociais e políticas. Significa antes de mais nada, do ponto de vista teórico e prático, uma revalorização das instituições, no sentido sociológico de padrões estabelecidos e estáveis de valores e condutas. Trata-se igualmente de abandonar o reducionismo em que desembocam os defensores do Estado e do mercado, da empresa estatal e da empresa privada.

O desafio de construir um país capaz de se integrar ativamente num mundo globalizado passa pela criação de instituições que transformem o Estado em parte da sociedade e esta em parte do Estado, gerando um espaço público representativo do bem comum, com investimento maciço em educação, saúde, infra-estrutura urbana, regulação e controle de qualidade dos serviços públicos e privados, de luta contra os oligopólios, de distribuição mais justa da carga de impostos, de funcionamento da Justiça e da polícia segundo normas universais e o fim da impunidade. Afirmar que se trata de políticas que dependem do crescimento econômico num país que chegou ao estágio de desenvolvimento econômico do Brasil não representa apenas o abandono daquilo que é (ou deveria ser) a essência da política, ou seja, a capacidade de transformar desejos e valores em um projeto solidário de afirmação da vontade coletiva, como supõe ingenuamente que o crescimento econômico é naturalmente virtuoso.

Sociedade brasileira e teoria social

Em tempos de grande instabilidade, mudança e aceleração histórica, os marcos teóricos e ideológicos através dos quais as sociedades buscam compreender-se são substituídos de modo extremamente rápido, reduzindo a capacidade de acumulação de conhecimento, prejudicando a consolidação da pesquisa, a formação de novas gerações de cientistas sociais e, por vezes, produzindo uma obsolescência intelectual prematura.

Simplificando, podemos dizer que predominou na América Latina dos anos 60 a problemática da dependência e da revolução social, nos anos 70 a de interpretação de regimes autoritários e resistência da sociedade civil, dos novos movimentos sociais e sindicais, nos anos 80 a dos processos de democratização e nos anos 90 a da privatização, globalização e debate sobre o modelo neoliberal.[4]

Apesar da constante mudança de paradigmas, existiu um importante elemento de continuidade em termos do que Gouldner[5] denominou pressupostos metateóricos. Toda interpretação societária, particularmente sobre o mundo atual, pressupõe, implícita ou explicitamente, princípios metodológicos que são o pano de fundo contra o qual se realizam os estudos de caso. Nas análises sobre a América Latina, as interpretações possuíam uma base analítica dupla: os problemas colocados pela própria realidade sociocultural e os conceitos e marcos teóricos extraídos de teorias sobre a modernidade e/ou o capitalismo desenvolvidas nos países avançados (ou do comunismo, seja soviético, cubano ou chinês). Em vez de reconhecer nesses últimos a expressão precária e diversificada de processos históricos em constante mutação, a modernidade ou o capitalismo eram tomados como pontos de chegada, como conceitos fixos e idealizados do que seriam suas instituições e organização social. Assim, a análise social na América Latina era em grande parte uma explicação do fracasso ou da distância em relação aos modelos de classe, partido político, cidadania ou democracia destilados da experiência histórica dos países europeus ou dos Estados Unidos.[6]

A realidade social que esses conceitos encobriam era, no entanto, dinâmica e mutante, e as transformações sociais do mundo na última década permitiram uma mudança de perspectiva com conseqüências para os estudos sociais tanto dos países em desenvolvimento quanto dos países avançados. A principal fonte dessa mudança de perspectiva é a crise da modernidade nos países centrais. Entraram em crise as estruturas e conquistas sociais que pareciam inamovíveis, como Estado de bem-estar (*welfare state*) e a integração social.[7] O comunismo implodiu. As sociedades avançadas mostram sinais de crise, a exclusão social e violência crescem e as identidades coletivas passam a se organizar em torno de novos sujeitos sociais. Em outras palavras, não há mais um ponto de chegada nem, portanto, conceitos sólidos com os quais comparar o estágio atual dos países em desenvolvimento.

Fenômenos sociais que eram considerados marginais ou secundários nos países avançados, mas típicos dos países em desenvolvimento (exclusão social, violência endêmica, marginalidade, pobreza), reaparecem como fenômenos não da pré-modernidade mas da pós-modernidade. O que se chamou ou idealizou como modernidade é visto agora como um período histórico específico que se estendeu entre o fim da Segunda Guerra Mundial e os anos 80. Em vez de uma temporalidade linear ou paralela, as práticas e ideologias globalizantes nos levam cada vez mais a analisar os processos sociais dos países avançados e em desenvolvimento dentro de uma única contemporaneidade. O mundo, apesar das enormes diferenças e disparidades de recursos entre os países, passou a partilhar incertezas similares em relação ao futuro.

De acordo com a visão dominante até os anos 80, somente a teoria social referente a países em desenvolvimento adquiria caráter nacional ou regional, pois se reconhecia a diversidade de experiências nacionais *antes* de se chegar ao estágio de modernidade. Nos países desenvolvidos, por sua vez, a teoria social em grande parte desconhecia as especificidades locais, transformando conceitos ligados a análises de casos nacionais em generalizações válidas para todo o "mundo moderno". Assim, por exemplo, conceitos como classes sociais, cidadania ou reprodução simbólica, que possuíam claras impregnações locais e eram — como toda categoria sociológica — resultado de uma colagem histórica passavam a adquirir uma autonomia conceitual a-histórica e eram generalizados como conceitos básicos da teoria social que explicavam "a modernidade". Respostas circunstanciais e passageiras para os conflitos sociais, para a dinâmica contraditória entre democracia e capitalismo, cidadania e mercado, solidariedade e individualismo, participação e competição, eram vistas como expressão última de uma teoria social sobre o mundo contemporâneo.

O novo contexto permite pensar a realidade social brasileira como uma forma tão particular e específica quanto qualquer outra de enfrentar os problemas de integração social e os dilemas da construção democrática em sociedades capitalistas com economias cada vez mais globalizadas.

Globalização Um dos perigos das teorias sobre globalização é que certas versões transformam a análise de fenômenos sociais "globais" em variações locais de um processo único e convergente, reintroduzindo assim os antigos vícios das teorias sobre a modernização. Essa perspectiva acaba muitas vezes por desconhecer que, embora o mundo seja cada vez mais interdependente, apesar de a informação ser instantaneamente transmitida e as experiências rapidamente conhecidas e transferidas, tudo isso se dá em contextos de enorme diversidade de tradições, história e recursos culturais e que as sociedades nacionais ainda são os marcos fundamentais da sociabilidade e interação, da elaboração de interesses, da resolução de conflitos, da organização da participação social e distribuição da riqueza gerada. Mesmo depois de duas décadas de políticas "liberalizantes", inclusive, todos os países da OCDE aumentaram o imposto de renda e, com poucas exceções, os gastos governamentais proporcionalmente ao produto nacional bruto.[8]

Nesse sentido, certos estudos, geralmente de antropologia ou *cultural studies*, com ênfase excessiva ou unilateral nos processos de formação de identidade, na criação de culturas híbridas, parecem esquecer as dimensões políticas, em particular o fato de que os Estados continuam mantendo o monopólio da violência e de boa parte dos recursos econômicos que afetam as condições de vida da maioria da população.

Este trabalho, como terá observado o leitor, faz pouco uso do conceito de globalização. Isso, obviamente, não significa que a bibliografia e questões ligadas a essa discussão não estejam presentes: consumo, fragilização do Estado, direitos humanos, novos movimentos sociais, sociedade de direitos, novos construtores de identidade, tudo isso é discutido numa perspectiva que tem como referência a bibliografia relacionada aos processos de globalização. O que tentamos evitar é a tripla armadilha que os estudos de globalização colocam para a análise de casos de sociedades nacionais: a) a de usar o conceito de globalização como uma chave explicativa universal de fenômenos sociais que em sua maioria só têm significado se associados a um contexto societário determinado; b) a de produzir conceitos que se referem à estrutura social de uma sociedade global que, embora possa eventualmente ver a luz do dia, atualmente não existe, e que criam a ilusão de um mundo sem fronteiras em que os Estados nacionais e suas estruturas não passam de fantasias do passado; c) a do colonialismo intelectual implícito em certa importação de conceitos e debates que têm um sentido específico nos países desenvolvidos (como é o caso, por exemplo, de certos debates sobre o neoliberalismo, ideologia inclusive não assumida por nenhuma corrente política no Brasil).

A globalização, sem dúvida, é o horizonte intelectual e político da época atual, mas não substituiu nem deslocou completamente a problemática colocada pelo pensamento desenvolvimentista. Para as sociedades nacionais continua essencial definir estratégias de desenvolvimento em contextos de globalização capazes de identificar as instituições que possam sustentar projetos de democratização da sociedade e aumentar o espaço de liberdade face às pressões dos grupos de poder econômico nacional e internacional.

Inovação social Os processos pelos quais cada sociedade absorve, integra e reelabora, nos termos de suas próprias estruturas socioculturais, as inovações institucionais (como democracia, mercado e tolerância religiosa, para mencionar as mais óbvias) são uma trama complexa ainda à procura de uma teoria explicativa.

Como experiência de construção de uma sociedade moderna, a análise do caso brasileiro exige cautela ao aplicar categorias e valores calcados em outras realidades. As transformações sociais em curso nos países avançados permitiram romper com a idéia de um ponto de chegada definitivo e colocou em pé de igualdade analítica o que antes se chamava de centro e de periferia. Essa perspectiva não pode, contudo, levar a simplificações homogeneizantes. A suposição de que os países centrais tendem a reproduzir fenômenos que eram considerados típicos da periferia (o que alguns autores inclusive denominam de "brasilianização") tem que ser tratada com enorme cuidado. Pensar, por exemplo, que na Alemanha se possa reproduzir o nível de caos social ligado a certo tipo de desregramento existente no Brasil é, na melhor das hipóteses, uma metáfora similar à expectativa de que algum dia o Brasil chegue a ter um sistema burocrático semelhante ao alemão.

O surgimento de novos processos sociais que parecem marcar época, como por exemplo, atualmente, a globalização e os processos ligados à telemática, produz novos enfoques que ao mesmo tempo que renovam as ciências sociais parecem condená-la a um destino de Sísifo. Embora possivelmente seja esse o destino de uma ciência cujo objeto tem como um de seus atributos a criatividade, é importante dimensionar de forma adequada o lugar de cada inovação social para que a sociologia não se transforme em promotora superficial de modas intelectuais. Toda grande inovação social deve ser objeto de três tipos diferentes de análises:

- A inovação em si mesma, com seus efeitos diretos e indiretos no conjunto da sociedade.
- A atualização das antigas instituições sob o impacto dos processos inovadores.

• As modificações na percepção e no enfoque intelectual que a inovação social introduz na visão do que seja socialmente relevante, assim como do próprio passado.

Este último fenômeno é o mais difícil de discernir. Assim, por exemplo, se o novo milênio se inicia sob o impacto das redes sociais, da circulação da informação e do lugar fundamental ocupado pela cultura, o cientista social corre o duplo risco de ou bem enfatizar as continuidades ou bem construir um novo paradigma societário. No primeiro caso teria o mérito de reconhecer que nem tudo é tão recente, que as continuidades são fundamentais, que os novos fenômenos já vinham se construindo de longe, mas perderia a capacidade de compreender a mudança. No segundo caso, a ênfase exagerada da novidade iria incapacitá-lo a compreender como o velho se reproduz no novo e como, mais que uma clara superação, por vezes o novo implica em repressão e recalque de processos que poderão a qualquer momento voltar novamente à superfície.

Só depois de um esforço intelectual de repensar o passado do ponto de vista do novo ângulo pode-se obter uma apreciação equilibrada do que realmente está se transformando e o que não é mais que um discurso de valorização ideológica de certos processos sociais. O que implica recordar que o casamento entre sociologia e história continua atual.

Modernidade, ambivalência e risco A tradição sociológica do século XX, influenciada pelo marxismo, especialmente após a Segunda Guerra, enfatizou a importância dos movimentos sociais e dos partidos apoiados pelas classes populares como principal fator de consolidação da cidadania e de criação de um Estado de bem-estar social. Essa perspectiva sem dúvida representa aspetos fundamentais do processo histórico, mas deixa na sombra outros componentes igualmente constitutivos da formação dos Estados modernos, dentro dos quais se desenvolveu e teve sua eficácia específica cada movimento social. Entre esses componentes devem ser incluídos padrões culturais ligados historicamente a determinadas estruturas sociais (no caso brasileiro, por exemplo, às circunstâncias da colonização) mas que se transformam em estruturas de longa duração capazes de rearticular-se e renovar-se com as novas realidades sociais.

Tais padrões culturais foram redescobertos na última década em uma bibliografia por vezes demais generalizante que explica o destino das sociedades por referência a certos valores ou instituições (por exemplo, a confiança ou o tipo de estrutura familiar).[9] Esse tipo de análise, embora possa produzir importantes *insights*, não consegue escapar ao etnocentrismo e da monocausalidade (ao ver certo valor ou instituição como a única fonte possível de desenvolvimento/modernidade, despreza o caráter criativo de cada sociedade e sua capacidade de gerar outros valores/instituições igualmente "relevantes").

As análises e discussões sobre as características das sociedades modernas contemporâneas (ou, segundo certos autores, "pós-modernas" ou pertencentes à "alta modernidade"[10]) tentam definir os processos institucionais que seriam típicos dos novos tempos, num diálogo com a tradição sociológica clássica. Esses conceitos, como não poderia deixar de ser, têm como referência a modernidade do Primeiro Mundo e, mais especificamente, as sociedades nacionais dos autores.

A experiência brasileira indica que a racionalização da vida social não é necessariamente acompanhada de ou associada a sistemas de valores centrados na aversão à ambigüidade,[11] no disciplinamento sistemático do corpo e na sexualidade,[12] no controle do risco[13] ou na colonização do mundo da vida.[14] Ou, mais precisamente, esses processos fazem-se presentes, porém digeridos e transformados pelos padrões culturais próprios da sociabilidade brasileira.

A sociabilidade brasileira apresenta, na perspectiva dos países capitalistas avançados, elementos idílicos que, vistos do Brasil, são relativizados ou diminuídos por sua ligação com uma sociedade profundamente desigual e injusta. Mas se o Brasil tem muito que aprender e absorver de culturas que avançaram na democratização da distribuição da riqueza e no respeito aos direitos humanos, não deixa de ser real que o Brasil brilha com luz própria e tem importante contribuição a dar para a constituição de uma nova cultura global. Como diz Pierre Sanchis,[15] o sincretismo brasileiro prenunciou as novas tendências religiosas da nova onda de secularização ligada agora a formas de religiosidade individual.

Pela extrema dependência de relações de favor mútuo, de redes sociais entrelaçadas e sem fronteiras definidas, a sociabilidade brasileira pratica a arte da ambigüidade e se recusa a demarcar fronteiras de individualização e identificação excludentes, com características que a aproximam das novas identidades criadas pelas redes telemáticas.

Considerar que a forma específica de integração/adaptação à cultura nacional de inovações sociais geradas em outras realidades seja um jogo simples ou de soma zero significa desconhecer a capacidade transformadora e a criatividade da cultura brasileira tanto em termos afetivos como normativos (ou, se preferirmos, desconhecer que cada cultura possui um tipo próprio de "inteligência emocional"). Pois os processos sociais e valores associados à modernidade "à européia" estiveram *também* associados a processos destrutivos, vários dos quais a sociedade brasileira parcialmente evitou. Assim, a dificuldade de conviver com a ambivalência e a diferença fortaleceu tendências xenófobas e a obediência cega a um Estado burocrático favoreceu a barbárie nazista,[16] assim como a juridificação das relações sociais retirou muito da dimensão espontânea e lúdica da vida social.

As análises comparativas de valores devem ser feitas com extremo cuidado. A confiança (*trust*), que seria componente fundamental das sociedades modernas, é sempre impregnada de outros valores culturais e extremamente relativa, já que a incerteza é constitutiva das relações humanas em geral e, em particular, da sociedade capitalista contemporânea fundada num alto grau de individualização.[17] O mesmo vale em relação aos mecanismos com os quais cada sociedade controla a incerteza, onde nunca deixam de estar presentes crenças religiosas ou semi-religiosas (inclusive na ciência); além disso a própria noção de incerteza e risco devem ser desnaturalizadas e colocadas no âmbito de uma cultura e momento histórico dados.

A formação dos sistemas políticos modernos exigiu longos processos de invenção, transformação, justaposição e aprendizagem de convivência entre sistemas classificatórios diversos. Tais sistemas são construções sociais (e incluem, entre outros, cidadania, família, amizade, indivíduos, nacionalidades, classes sociais, raças, religiões) e, embora não cheguem a constituir um conjunto coerente, há a tendência de um sistema determinado predominar sobre o conjunto. Como vimos, os sistemas classificatórios baseados em valores individualistas e universais só são predominantes no Brasil em contextos de mercado. Quanto às demais instituições sociais, os sistemas classificatórios baseados na cidadania convivem, em geral de forma subordinada, com valores particularistas.

A cultura brasileira, apesar da escravidão dos negros e do extermínio dos índios, conseguiu abrir-se e absorver padrões civilizatórios dos povos oprimidos, num processo cuja descrição mais brilhante foi realizada por Gilberto Freyre. Essa sociabilidade está historicamente ligada a uma sociedade profundamente desigual e opressora. Mas a civilização brasileira não deve ser reduzida às "funções sociais" que em certo momento histórico ela pode ter desempenhado. A miscigenação da população não é uma mistificação ideológica, ainda que tenha sido realizada sob condições de opressão. É uma riqueza cultural enorme que o Brasil, apesar de esforços contrários de ideólogos racistas e pequenos grupos protofascistas, não tenha absorvido os discursos classificatórios maniqueístas e excludentes da cultura européia e norte-americana. Se o Brasil tem 120 conceitos para identificar nuances de cor da pele e tipos de miscigenação, não tem por que aceitar os sistemas classificatórios duais dos países capitalistas avançados que ainda buscam desvencilhar-se de ideologias racistas. O que não significa desconhecer o racismo existente na prática e as condições de maior pobreza da população "mais negra". Mas para lutar contra essa situação não é necessário ter políticas "raciais" que introduzam um sistema classificatório alheio à cultura brasileira e que importam em problemáticas de ódio destrutivo de que a sociedade brasileira felizmente conseguiu escapar.

A cultura brasileira, com sua enorme plasticidade e abertura ao novo, com sua confiança no futuro e sua religiosidade sincrética, tem uma capacidade enorme de adaptação, de improvisação criativa, de absorção de novos padrões culturais sem preocupação excessiva com a promoção de particularismos e nesse sentido está posicionada de modo privilegiado para enfrentar um mundo globalizante. Tais características, como toda virtude, tem uma contrapartida potencialmente negativa e podem gerar ou ser manipuladas no sentido da acomodação, passividade e absorção acrítica de modismos e das novas formas de dominação.

Futuros: os desafios das novas formas de desigualdade social, do patrimonialismo e da violência

Desigualdade social O Brasil do século XX tinha mão-de-obra barata, recursos naturais e uma grande população para atrair capitais e assegurar o crescimento econômico, a mobilidade social e a criação de emprego. O Brasil do século XXI deverá aprender a explorar seus recursos humanos e culturais. Nesse sentido, pelo menos a curto — e não tão curto — prazo, o futuro é bastante sombrio, já que as novas tecnologias excluem do mercado de trabalho um grande contingente de pessoas adultas, geralmente com famílias constituídas, muitas vezes semi-analfabetas e com poucas condições de reciclar-se.

A única exigência do setor privado ao Estado que parece ter um impacto positivo em termos de distribuição de renda é a demanda de uma mão-de-obra capaz de absorver sistemas tecnológicos mais complexos e em constante mutação. O governo de Fernando Henrique Cardoso sustentou políticas de melhoria do sistema educacional que são fundamentais para o ingresso no mercado de trabalho, embora os sistemas de regulamentação e auditoria do ensino secundário e superior ainda estejam colonizados por interesses privados. O país tampouco encontrou um modelo para seu sistema científico e tecnológico, que é fundamental para a formação de seus quadros técnicos e dirigentes.

Na área da infra-estrutura de serviços coletivos houve uma melhoria geral nas últimas décadas, em parte graças à estagnação do crescimento demográfico das grandes cidades e ao interesse eleitoral de governos estaduais e municipais. A crise fiscal do governo (seja em nível federal, estadual ou municipal) fortalece a tendência a ampliar as privatizações e concessões de serviços públicos urbanos (águas, limpeza, transporte), cujos resultados, como vimos no capítulo anterior, são incertos.

A onda privatizante ocorre igualmente em outras áreas de serviços de consumo coletivo, em particular as de saúde e aposentadoria. Uma ênfase excessiva em planos privados de aposentadoria é totalmente irrealista para setores de renda baixa e instável. O caso mais exemplar é o das aposentadorias rurais, asseguradas automaticamente a maiores de 65 anos e cuja introdução significou uma melhoria espetacular nas condições de vida da população rural, constituindo mesmo, por vezes, apesar do seu baixo valor, a principal fonte de renda de famílias camponesas pobres. O atual seguro-desemprego tem um impacto limitado, e os serviços de saúde pública sustentam um enorme desperdício de recursos pela má gestão e mecanismos patrimonialistas que exigem o desenvolvimento de novas formas de controle e auditoria.

As políticas de combate à pobreza absoluta têm uma dificuldade enorme de chegar a seu público-alvo pelas próprias características sociais deste: localizadas no campo e em setores urbanos informais. Esse setor igualmente recebe uma parte ínfima dos recursos que o governo dedica a aposentadorias, saúde e educação. Os programas de renda mínima, particularmente de apoio a famílias pobres que mandam os filhos à escola, têm sido um sucesso, mas até agora só foram aplicados em poucas localidades.[18] Novas experiências de participação comunitária (como o programa PAE do Viva Rio) e de geração de renda com perspectiva a mais longo prazo indicam que existe um espaço enorme para a criatividade na luta contra a pobreza. Aqui, como em geral em outros programas de promoção do desenvolvimento regional e local, o desafio é quebrar os círculos viciosos do patrimonialismo e da concentração de riquezas, pois as regiões mais desenvolvidas, sendo as mais alertas e capacitadas para apresentar projetos, acabam se apropriando da maior parte dos recursos.

É grave o problema da desigualdade regional no Brasil, com municípios inviáveis economicamente e estados que perderam seus instrumentos de promoção econômica (pela privatização dos bancos estaduais e regionais, que foram usados geralmente de forma patrimonialista), e não há garantias — pelo contrário — de que os mecanismos de mercado atuem favoravelmente aí.[19] As desigualdades e a competição fiscal entre os estados abrem enorme espaço para um discurso demagógico localista e a crescente confrontação entre os estados. O desafio é criar mecanismos que, sem cair no velho patrimonialismo, permitam ao governo central articular os interesses estaduais para assegurar que o federalismo, pela primeira vez na história brasileira, seja expressão de um projeto de construção da cidadania, isto é, de construção de um espaço comum de solidariedade.

Apesar de o discurso dominante querer colocar o destino da sociedade brasileira à mercê das taxas de crescimento econômico e da empresa privada, o orçamento público representa quase um terço da riqueza nacional e possui, de fato e de direito, todos os instrumentos para aumentar sua participação na área social. Os governos federal, estaduais e municipais, embora funcionem em larga medida como administradores de pressões dos diversos grupos de interesse, mantêm importante poder discricionário que, apesar de limitado, é real, não apenas em termos materiais como simbólicos. Dada a estrutura social e política do país as mudanças são lentas e fragmentárias, enquanto os processos de deterioração social correm o risco de virar epidêmicos.

Uma boa parte da população brasileira não tem acesso a nenhum canal organizado de expressão sindical (camponeses pauperizados, assalariados do setor informal, desempregados) e constitui uma base social potencial de apoio para qualquer líder demagógico. O movimento social que mais e melhor conseguiu dar voz a esses setores, o MST, representa um símbolo ético e político, mas seus limites sociais e ideológicos são extremamente estreitos e não sustentam um projeto societário.[20] Outra parte da população, em especial funcionários públicos e setores operários qualificados, sente que perdeu direitos e vê suas condições de vida cada vez mais deterioradas, constituindo outro setor que poderá apoiar aventureiros políticos que não disponham de estruturas partidárias mas capazes de mobilizar a simpatia direta dos eleitores.

O fenômeno mais grave para os setores mais pobres da população é a falta de uma narrativa, de valores e de oportunidades que dêem sentido e horizonte ao sofrimento e às carências cotidianas. A afirmação pura e simples das vantagens do mercado, da redução do custo

Brasil, sem que isto esteja associado a uma proposta societária, a uma visão de futuro que tome como ponto de partida uma atitude clara de proteção dos mais pobres, é simplesmente amoral e irresponsável, podendo transformar a sociedade, em futuro não distante, numa estufa de demagogos e aceleração da desintegração social.

Patrimonialismo Uma das antinomias mais comuns utilizadas para compreender a sociedade é o binômio público/privado, que na modernidade substitui em parte outro binômio: o do sagrado/profano. Em princípio o público representa o bem comum e o privado os interesses pessoais. Essa divisão seria acompanhada por instituições específicas ligadas a cada elemento. Apesar da naturalidade com que esses conceitos são utilizados pelo senso comum, a análise histórica indica que nos encontramos diante de conceitos que se originaram num momento histórico determinado e que estão em permanente mutação.

Cada teoria social busca construir seus conceitos associando-se a tradições intelectuais e políticas. De forma simplificada, podemos dizer que a tradição anglo-saxônica constrói o espaço público a partir da delegação do indivíduo, enquanto a tradição européia continental o faz a partir das corporações e do Estado como representante do interesse público e de valores comuns. Como toda simplificação, essa oposição não consegue no mundo real dar conta da complexidade da vida social e tende a coisificar situações e contextos históricos determinados: o que é público ou privado para alguns não o é para outros — ou para aqueles mesmos, em momentos diferentes. Para suprir essa deficiência são inventados conceitos como, por exemplo, em ciências sociais, os de "sociedade civil" ou "capital social" e, em direito, o de instituições privadas de interesse público.

Na tradição anglo-saxônica, os indivíduos delegam poderes aos governos — que são *public servants* ou *civil servants*, isto é, funcionários pagos pelo *tax payer* — que deverão conduzir-se segundo normas universais acordadas de antemão. Inexiste portanto o Estado como ente autônomo situado acima dos indivíduos, com poderes próprios, como expressão de valores substantivos dos quais se considera guardião. Não existindo a oposição Estado/indivíduo, há um enorme espaço para todo tipo de associação e instituições intermediárias, uma vez que não afetem a liberdade individual. O problema teórico principal apresentado por essa tradição é o da definição de um mínimo denominador comum, isto é, de valores que permitam fundar a solidariedade e a identidade coletiva. Embora o debate teórico apresente as mais diversas soluções, a resposta prática dada à definição do que seja o bem comum é, nos Estados Unidos, a constituição e, no Reino Unido, o direito consuetudinário.

Diferente, a tradição européia continental não chega a ser o inverso da anglo-saxônica. No caso francês, por exemplo, as instituições sociais têm uma dupla matriz: o indivíduo e o Estado republicano que representa a nação e seus valores, que são, na versão mais genérica, os da liberdade, igualdade e fraternidade. Como guardião desses valores comuns, o Estado adquire um poder tutelar sobre as ações dos indivíduos e particularmente sobre suas associações intermediárias, uma vez que estas podem colocar em perigo os valores republicanos.

As duas correntes estão repletas de "pontos cegos", desconhecendo as instituições que embora fundamentais na realidade social, não se encaixam nos seus modelos. Assim, por exemplo, nos dois casos existe um desconhecimento de todos os elementos de ordem moral e institucional originados no mundo da religião e integrados à sociedade moderna sem se basear nem no indivíduo, nem na representação política ou no Estado, como é o caso da família. Embora se tenha modificado e "conformado" pelo Estado moderno, a família constitui uma das instituições de solidariedade social que escapam aos fundamentos teóricos e às filosofias sociais clássicas.[21]

Caso as ciências sociais tivessem considerado o Brasil não um país "em desenvolvimento", isto é, um país que chegará algum dia a ser "moderno", mas sim como um laboratório legítimo de conceitos sobre a própria modernidade, teriam rapidamente descoberto que há muito mais entre o céu e a terra do que indivíduos e Estado, que a sociabilidade e a solidariedade têm outras bases além das orientações individualistas racionais ou de valores universais e que a eficácia das redes sociais redescobertas recentemente pela socioeconomia não apenas são conhecidas (como de fato sempre o foram por qualquer norte-americano ou europeu) como reconhecidas sem vergonha no Brasil como mecanismo básico da sociabilidade e elemento central nas estratégias de sobrevivência.

No Brasil, durante todo o século XX, o espaço público foi identificado ao Estado, mas sua contraparte não foi uma sociedade civil que constituía a solidariedade a partir de associações partidárias e sindicais. Embora este elemento tenha existido e crescido ao longo do século, a contraparte dos poderes públicos foram redes informais, especialmente aquelas constituídas pelos grupos dominantes e incrustadas em todos os níveis de poder, que em sua atuação limitam a capacidade do Estado em construir um espaço público que represente o conjunto dos cidadãos. O que Fernando Henrique Cardoso denominou "anéis burocrático-autoritários",[22] para caracterizar o mecanismo de articulação entre o Estado e os empresários durante o regime militar, refere-se na verdade à forma particular que assumiu no período autoritário o sistema de apoios mútuos, de proteção, favoritismo e acesso privilegiado à informação que assegura a impunidade, o enriquecimento fácil e a manipulação de orçamentos públicos que sempre caracterizaram o sistema político brasileiro.[23]

O Brasil já foi chamado de "Belíndia", uma mistura imaginária onde convivem uma Bélgica e uma Índia. A expressão fez época, mas deve ser esclarecida. A Bélgica brasileira não só não é imune ao peso da sua Índia como a reproduz em seu interior através do poder brutal dos grupos dominantes, que continuam tratando o Estado, na feliz expressão de Gianotti, como um butim a ser conquistado.[24] E se o corporativismo está sendo destruído pelas reformas privatizantes, o patrimonialismo, até agora, foi bem pouco afetado por essas mesmas reformas.

Assim, por exemplo, uma dimensão do patrimonialismo que é fundamental no funcionamento do sistema econômico é a das relações de extorsão que se estabelecem entre alguns fiscais e empresários. Aí se repete uma situação que, como veremos, se apresenta também nas relações entre a polícia e o infrator. O ponto de partida da extorsão é aparentemente uma negociação na qual o empresário prefere pagar a propina, pois esta é inferior ao imposto devido. A realidade, porém, é mais complexa, pois a legislação é de tal forma complicada, há tamanha quantidade de impostos a serem pagos em épocas as mais variadas, com multas cumulativas, que o fiscal pode se valer de uma interpretação rígida da lei para obter uma posição de força. Por outro lado, a desmoralização do Estado e particularmente dos políticos leva a população a achar que pagar impostos é "jogar dinheiro fora", o que justifica a evasão fiscal quase como um "dever moral".

Quando os governos querem pressionar algum político, ameaçam analisar suas declarações ao imposto de renda. De alguma forma o sistema funciona com base no subentendido de que a maioria das pessoas vive fora da lei (fiscal) e que serão as relações de força política e a disposição e capacidade de negociar "acordos" que decidirão os termos de uma impunidade maior ou menor e/ou a necessidade de pagar propinas e/ou impostos. Como quase toda a população comete algum ato fora das normas legais, passa a ser uma questão política escolher alguém que sirva de "exemplo". Isso igualmente funciona como mecanismo inibitório para que ninguém se aventure a denunciar as regras do jogo, a não ser que confie em sua sustentação política e capacidade de resposta.

É possível que, se ocorrerem disfunções generalizadas que afetem a viabilidade do sistema, comecem a surgir propostas de mudança. Se os impostos não cobrados levam a déficits fiscais que obrigam à criação de novos impostos, aumentando a "necessidade" de evasão fiscal e assim por diante, num círculo vicioso, será necessário um novo pacto social que permita a renovação do sistema fiscal.

Violência[25] No Brasil, a violência é a expressão mais importante do impacto desorganizador que a desigualdade social e o patrimonialismo, junto com a explosão de expectativas associadas ao individualismo e ao consumismo, podem ter sobre o conjunto da sociedade. Essa desorganização chega a impossibilitar a rotina diária não só dos grupos mais pobres como das classes média e alta. Sem dúvida as formas mais graves de violência, especialmente os homicídios, afetam basicamente as classes baixas. Mas não é o caso dos seqüestros, nem mesmo dos roubos e menos ainda da extorsão policial, que na cidade do Rio de Janeiro atingem 8,5% da população, castigando majoritariamente a classe média e alta.[26]

Essa extorsão tem dois aspectos: o acesso privilegiado à negociação, pois para não ser multado é utilizada a posição de classe para sair relativamente impune de uma infração; e a ação de policiais que buscam infrações, assumindo uma atitude rígida para extorquir o infrator.

Tanto no caso da polícia como no dos fiscais, o ponto de partida é a negociação que permita não ter que cumprir a lei, em benefício de ambas as partes e ao arrepio do funcionamento do sistema. A maior disfunção é que, à medida que a cultura da extorsão se generaliza, a polícia não só passa a ser mais incompetente na sua área específica de atuação como se predispõe a todo tipo de acordos, inclusive com malfeitores, afetando as condições de segurança da população, inclusive das classes média e alta. Essa situação generalizada em várias grandes cidades do país faz com que o medo da polícia seja tal que as pessoas preferem não denunciar um roubo, inclusive porque temem chamar a atenção de policiais ligados ao crime. No caso dos seqüestros, o resultado de experiências pessoais ou do terror psicológico pode levar a pessoa a abandonar o país, como foi o caso de um significativo número de empresários, particularmente na cidade do Rio de Janeiro.

A violência social é produtora de um fenômeno que havíamos denominado, referindo-nos à inflação, de *comunicação destrutiva*, isto é, toda nova unidade de informação tem um efeito multiplicador de desorganização social, gerando temores, sensação de insegurança e incerteza sem proporção com o fato em si (possivelmente o terrorismo seja o fenômeno extremo de comunicação destrutiva). Em todos os casos, a sensação de descontrole e desproteção tende a prevalecer, gerando uma ansiedade que favorece qualquer medida visando pôr fim à situação existente, mesmo que implique em violar direitos humanos normalmente considerados fundamentais.

Parte da resposta dos grupos dominantes face à insegurança do meio ambiente é a privatização da segurança, passando a viver em condomínios fechados, os mais poderosos dispondo de guardas armados. Embora transformada num dos principais setores de geração de empregos, a segurança privada não pode resolver o problema da insegurança diante da violência crescente e desmoraliza o papel do Estado na sua função mais básica: resguardar a vida. Como indica Daniel Pecaut,[27] a violência como forma de organização social, embora possa criar bolsões de solidariedade, tem como efeito fundamental destruir as relações de confiança e de comunicação, dificultando e inibindo a formação de sujeitos sociais coletivos e levando finalmente à destruição dos laços sociais que garantem o funcionamento da sociedade.

De certa forma, o principal problema sociológico do estudo da violência no Brasil não é explicar suas causas ou dimensões; ao contrário, trata-se de entender por que o seu âmbito, dada a enorme desigualdade social e as expectativas de uma sociedade de consumo, é relativamente reduzido e suas expressões mais virulentas se associam a fenômenos específicos como o tráfico de drogas. Afinal de contas, a principal contribuição das ciências sociais para a compreensão do fenômeno da violência no Brasil foi quebrar o mito que a associava à pobreza. Que fatores favorecem a integração social, o autocontrole, a capacidade de suportar as condições precárias de vida? Uma vez que suas grandes correntes se concentraram no problema da construção da ordem ou do conflito social organizado, a teoria sociológica oferece poucos instrumentos para explicar a maior ou menor propensão a se recorrer à violência.

Não existem muitos dados sobre a influência política do crime organizado no Brasil. Ao contrário de outros países latino-americanos, tudo indica que os interesses da droga não chegaram ainda a penetrar em forma importante os principais políticos e grupos dirigentes do Estado, possivelmente com a exceção da polícia, mas têm uma influência cada vez mais central nos estados mais pobres ou de fronteira.

Um problema central colocado pelo crime organizado, no Brasil e em toda a América Latina, é que, além da violência direta que gera, tem a tendência de ocupar áreas urbanas ou rurais em que se transforma no principal provedor de emprego, delas expulsando ou corrompendo os representantes locais do poder público.

Futuros A perspectiva da sociedade brasileira de construir sua própria modernidade fundamenta-se na esperança de que o país algum dia chegue a conjugar sua sociabilidade e cultura hedonistas, gregárias e tolerantes com instituições políticas que assegurem o acesso democrático à Justiça, educação, saúde e trabalho. Essa perspectiva que mobilizou a esperança do povo no século XX sustentou-se em sólidos processos sociológicos, particularmente o crescimento econômico e a mobilidade social.

À medida que diminuiu o ritmo do crescimento econômico e as grandes cidades se transformam de pólos de crescimento em massas poluídas e inseguras, que a modernização econômica e a democracia política não alteram a desigualdade social, que se mantém o acesso diferenciado à Justiça ou a apropriação privada dos recursos do Estado, o perigo maior é que a esperança comece a desaparecer do horizonte do povo. Porque a esperança é um valor da sociabilidade, talvez o principal, um valor constitutivo não do futuro mas do presente. E são os valores de uma sociedade que determinam o horizonte do suportável e do insuportável.

A sociedade brasileira é, como toda sociedade, uma representação social. A especificidade do Brasil no contexto internacional é sua idealização como um paraíso tropical, um país moderno que produz tecnologia e é industrialmente dinâmico sem reprimir nem disciplinar excessivamente o corpo. Um país que não se sente invadido pelos estrangeiros, que não precisa de inimigos nem de xenofobia para afirmar sua identidade, um país sem guerra e com carnaval, mas também com enormes problemas sociais.

Na história não existem respostas definitivas. Portanto, quanto das riquezas do Brasil está relacionado a suas misérias, só o tempo dirá. A questão é saber em que medida uma sociedade moderna, para possuir instituições que valorizem condutas universalistas e a idéia do bem público, exige elevados níveis de autocontrole, de repressão de emoções e de individualização — questão que não pode ser respondida com uma fórmula fixa. Se o Brasil real poderá algum dia aproximar-se do seu ideal ou se certos elementos da sociabilidade brasileira continuarão ainda por muito tempo a erodir a construção de instituições mais igualitárias, é questão em aberto. Mas entre o ideal virtual e a realidade atual existe um amplo espaço de transformação societária em que os problemas não se colocam em termos de valores culturais absolutos mas, sim, de práticas políticas e societárias que possam diminuir o sofrimento gerado pela miséria social.

Notas

Capítulo I

1. Ver Atlan, H., *Entre o cristal e a fumaça*, Rio de Janeiro, Jorge Zahar, 1992.

2. Ver, em especial, Weber, M., *Economía y sociedad*, Fondo de Cultura Económica, México, 1996, e o artigo de Vianna, L.W., "Weber e a interpretação do Brasil", *Novos Estudos*, 53, março de 1999, para uma interpretação do uso desse conceito na bibliografia brasileira. Esta tendeu a uma visão dicotômica, como se fosse necessário optar entre a total autonomia do estamento burocrático e sua subordinação completa aos interesses locais, privatizantes.

3. Ver o clássico trabalho de Vítor Nunes Leal, *Coronelismo, enxada e voto*, Rio de Janeiro, Forense, 1948. Graham, R., *Clientelismo e política no Brasil do século XIX*, Rio de Janeiro, Ed. da UFRJ, 1997; Queiroz, M.I.P., "O coronelismo numa interpretação sociológica", em Fausto, B. (org.), *História geral da civilização brasileira. O Brasil republicano*, vol.I, São Paulo, Difel, 1975.

4. Sobre a elite política durante o Império, ver Carvalho, J.M., *A construção da ordem: A elite política imperial*, Rio de Janeiro, Campus, 1980, e sobre o poder e autonomia da "casta governante", Faoro, R., *Os donos do poder*, Porto Alegre, Globo, 1976.

5. Ver, entre outros, Adorno, S., "Discriminação racial e justiça criminal em São Paulo", *Novos Estudos Cebrap*, 45, 1995, e Fausto, B., *Crime e cotidiano: A criminalidade em São Paulo (1880-1924)*, São Paulo, Brasiliense, 1984.

6. Por exemplo como acontece com Ericson, K.E., *The Brazilian Corporative State and Working Class Politics*, Berkeley, University of California Press, 1977.

7. Ver Schmitter, P.C., "Still the century of corporativism?", *The Review of Politics*, vol.36, 1, 1974.

8. Da ampla bibliografia sobre o tema podemos mencionar, entre os trabalhos já clássicos, Schwartzman, S., *São Paulo e o Estado nacional*, São Paulo, Difel, 1975, que aborda a cooptação político-partidária; Vianna, L.W., *Liberalismo e sindicato no Brasil*, Rio de Janeiro, Paz e Terra, 1976, acerca da organização

sindical e as leis trabalhistas, e Santos, W.G., *Cidadania e justiça: A política social na ordem brasileira*, Rio de Janeiro, Campus, 1979, sobre as leis sociais e cidadania.

9. Sobre as diferentes definições e usos desse conceito em ciência social, ver Reis, B., "Corporativismo, pluralismo e conflito distributivo no Brasil", *Dados*, vol.38, 3, 1995.

10. Ver Reis, B., op. cit., e Reis, F.W., "Estado, política social e corporativismo", *Análise & Conjuntura*, vol.4, 1, 1989.

11. Ver Topik, S., *A presença do Estado na economia política do Brasil de 1889 a 1930*, Rio de Janeiro, Record, 1987, que mostra a importante participação do Estado brasileiro no comércio, transporte, indústria e finanças já nos anos 20 e como a burocracia, embora com características clientelísticas, tinha fortes componentes profissionais.

12. Sobre a origem social e o papel dos militares, ver Stepan, A., *The Military in Politics: Changing Patterns in Brazil*, Princeton, Princeton University Press, 1971.

13. Ver Schwartzman, S., *Formação da comunidade científica no Brasil*, Rio de Janeiro, Finep, 1979.

14. As empresas públicas eram, por exemplo, um típico lugar de aterrissagem para políticos que não conseguiam eleger-se.

15. Codato, A.N., *Sistema estatal e política econômica no Brasil pós-64*, São Paulo, Hucitec/Anpocs, 1997.

16. Martins, L., *Estado capitalista e burocracia no Brasil pós-64*, Rio de Janeiro, Paz e Terra, 1985.

17. Ver em especial Oliveira, F. de, "A economia brasileira: Crítica da razão dualista", *Estudos Cebrap*, 2, 1972, e Cardoso de Mello, J.M., *O capitalismo tardio*, São Paulo, Brasiliense, 1986.

18. Cardoso, F.H., e Faletto, E., *Dependência e desenvolvimento na America Latina*, Rio de Janeiro, Zahar/Guanabara, 1979.

19. Ver Hodgson, G.M., "Varieties of capitalism and varieties of economic theory", *Review of International Political Economy*, 3:3, outono de 1996.

20. Ver, por exemplo, Scalon, M.C., *Mobilidade social no Brasil: Padrões & tendências*, Rio de Janeiro, Revan, 1999, e Pastore, J., e Silva, N.V., "Mobilidade social no Brasil", *MS*, 1998. A passagem das categorias estatísticas organizadas por renda e ocupação, em que se baseiam os estudos sobre estratificação social no Brasil para categorias sociológicas como classes sociais, exige uma ampla elaboração e debate conceitual, em boa parte ausente da sociologia brasileira, que nas últimas décadas se concentrou em estudos setoriais em detrimento de esforços sintetizadores.

21. Em 1990, os pobres eram 38% do total da população na região Norte e 22% no Nordeste, sendo o índice inferior a 8% nas demais regiões do país. Da população rural, 22,5% encontram-se abaixo da linha de pobreza, contra menos de 8% nas áreas urbanas. Nas cidades, novamente o Norte e o Nordeste concentram a maior porcentagem de pessoas sem infra-estrutura urbana e com moradias precárias. Ver *O Brasil na virada do milênio*, vol.III, Brasília, IPEA, 1997.

22. Para uma síntese da bibliografia sobre o tema, ver Hasenbalg, C., "Entre o mito e os fatos: Racismo e relações raciais no Brasil", *Dados*, vol.38, 2, 1995 e Fry, P., "Color and the rule of law in Brazil", em O'Donnell, G., e Pinheiro, P.S. (orgs.), *The (Un)Rule of Law & The Underprivileged in Latin America*, University of Notre Dame Press, 1999.

23. A diferença entre o preconceito racial de marca (cor da pele) e o preconceito racial de origem (sangue), que oporia o racismo americano ao brasileiro, foi ressaltada na obra precursora de Oracy Nogueira, *Tanto preto quanto branco: Estudo de relações raciais*, São Paulo, T.A. Queiroz, 1985.

24. Ver Sorj, B., "Sociabilidade brasileira e identidade judaica", em Sorj, Bila (org.), *Identidades judaicas no Brasil contemporâneo*, Rio de Janeiro, Imago, 1997.

25. Ver Lavinas, L., "Emprego feminino: O que há de novo e o que se repete", *Dados*, vol.40, 1, 1997.

26. Schwartz, R., "As idéias fora do lugar", *Ao vencedor as batatas*, São Paulo, Duas Cidades, 1977.

27. Ver Pocok, J.G.A., "The ideal of citizenship since classical times", em Beiner, R., *Theorizing Citizenship*, Albany, State University of New York Press, 1995.

28. Como é utilizado, p. ex., por Marcelo Neves referindo-se aos processos de subintegração e sobreintegração no tocante aos direitos assegurados pelo sistema constitucional, segundo os quais os primeiros não teriam acesso aos direitos outorgados pela ordem jurídica mas sofreriam suas obrigações e imposições, enquanto os segundos se utilizariam da ordem jurídica em seu benefício, bloqueando-a quando não lhes convém. Ver "Entre subintegração e sobreintegração: A cidadania inexistente", *Dados*, vol.37, 2, 1994.

29. Ver o excelente resumo de Amaury de Souza, "El sistema de partidos políticos", em Jaguaribe, H. (org.), *La sociedad, el estado y los partidos en la actualidad brasileña*, México, Fondo de Cultura Económica, 1992.

30. Sobre as relações entre as estruturas sociais no campo, fundadas na grande propriedade e no trabalho não assalariado, e o papel da fronteira aberta, ver Velho, O., *Capitalismo autoritário e campesinato*, São Paulo, Difel, 1979. Sobre o papel social e político da fronteira amazônica, ver Sorj, B., e Pompermayer, M., "Sociedade política na fronteira amazônica: Interpretações e (contra) argumentos", *Cadernos do DCP*, nº 6, 1984.

31. Obviamente estamos usando um conceito de *habitus* muito próximo ao desenvolvido por Norbert Elias. Ver em particular *O processo civilizador*, Rio de Janeiro, Jorge Zahar, 1990, e *Os alemães*, Rio de Janeiro, Jorge Zahar, 1997. A cultura se forma num processo similar a "on the job training", mais do que como pratica discursiva; ver Bloch, M., "Language, anthropology and cognitive science", *Man*, vol.26, 2, 1991.

32. Ver Hobsbawm, E., *Nations and Nationalism since 1780: Programme, Myth, Reality*, Cambridge, CUP, 1990. Ou como coloca Schnapper, D.: "Foi a partir da revolução francesa que o mestre-escola deixou de ser chamado de *regent* (aquele que dirige os estudos) para se tornar *instituteur* (aquele que institui o

ensino), pois dali em diante estavam encarregados de instituir a nação." *La communauté des citoyens*, Paris, Gallimard, 1994.

33. Embora outros fatores contribuam para a tendência à falta de respeito pelas normas sociais, entre os quais um sentido lúdico de "vencer o sistema" e de inconsciência ou prazer face ao perigo — como é o caso da falta de respeito dos pedestres pelo sistema de sinalização do trânsito, um dos fenômenos mais típicos da vida urbana brasileira. Mas o pedestre não respeita o sinal de trânsito também porque sabe que os motoristas tampouco o fazem; por isso trata de atravessar a rua quando "não há perigo à vista". Os motoristas, por sua vez, justificam o desrespeito aos sinais alegando o risco de assaltos, o que pode ter sentido altas horas da noite mas de qualquer forma não se aplica aos motoristas de ônibus, possivelmente o grupo que menos respeita as normas de trânsito.

34. Apesar da brutalidade da escravidão no Brasil, o negro brasileiro, ao contrário do norte-americano, conseguiu manter suas práticas religiosas (o que foi um fenômeno positivo do ponto de vista da cultura, embora a penetração do metodismo na população negra americana estivesse associada à alfabetização e à escolarização).

35. Ver Barret-Kriegel, B., e Halpérin, J., "Judaïsme et état de droit", em Lévitte, G. (org.), *Colloque des intellectuels Juifs — La question de l'état*, Paris, Denoël, 1998.

36. A persistência do ensino religioso nas escolas brasileiras até bem adentrado o século XX mostra tanto a força do *lobby* da Igreja católica (como foi o caso, por exemplo, na Argentina) quanto a fragilidade da cultura cívica em gerar um sistema de valores próprios. Sobre o lugar reservado no Brasil à educação religiosa pelas várias Constituintes, ver Fávero, O., *A educação nas Constituintes brasileiras 1823-1988*, Campinas, Editora Autores Associados, 1966.

37. Ver, por exemplo, Skidmore, T., "EUA multirracial vs. Brasil birracial", *Novos Estudos Cebrap*, 34, novembro de 1992, e Ortiz, R., "Da raça à cultura: A mestiçagem e o nacional", em *Cultura brasileira & identidade nacional*, São Paulo, Brasiliense, 1985.

38. Desenvolvemos esse tópico em Sorj. B., op. cit.

39. Ver Carvalho, J.M., "O motivo edênico no imaginário social brasileiro", em Pandolfi, D.C., Carvalho, J.M., Carneiro, L.P., e Grynszpan, M., *Cidadania, justiça e violência*, Rio de Janeiro, Editora da FGV, 1999.

40. Um fenômeno central da sociabilidade brasileira e muito pouco explorado pelas ciências sociais (inclusive nos estudos de gênero ligados ao movimento feminista) — ou mesmo, ao que sabemos, pela psicanálise — é o papel da empregada doméstica na consolidação de um padrão de relação que combina a desigualdade social e a afetividade. Trata-se de uma relação que deve inclusive deixar marcas profundas na formação psíquica do adulto, com componentes de narcisismo, pela insegurança sobre o amor materno e as relações de poder envolvendo a empregada doméstica. (Devo este último comentário a uma conversa com Ida Waksberg.)

41. Como observa Fluzer, existem no Brasil duas palavras distintas para o jogo: *jogar* e *brincar*. O primeiro verbo refere-se ao jogo tradicional e o segundo

a uma atitude que traspassa qualquer situação específica. Da mesma forma, quando é algo fácil de fazer, diz-se que "dá para fazer brincando". Ver Fluzer, V., *Fenomenologia do brasileiro*, Rio de Janeiro, Ed. da UERJ, 1998.

Capítulo II

1. Ver Pereira, L.C.B., *Crise econômica e reforma do Estado no Brasil*, São Paulo, Editora 34, 1996.

2. Ver Aglietta, M., e Orléan, A., *La violence de la monnaie*, Paris, PUF, 1982.

3. Em 1979 a variação anual de inflação no Brasil chega a 77,2% (44,8% no ano anterior), passando a 1.476,6% em 1990, depois 2.708,6% em 1993 e 1.093,8% em 1994, quando foi adotado o Plano Real, que baixou a inflação a um dígito (até 1999).

4. O "presidencialismo delegado", noção desenvolvida por Guillermo O'-Donnell, é em grande parte um dos subprodutos da inflação. Ver O'Donnell, G., "Delegative democracy", *Journal of Democracy*, 5 (1), 1994.

5. Esses setores, pela posição monopolista ou de oligopólio das empresas, não tinham problema em transferir o aumento inflacionário aos preços finais.

6. Ver Castro, A.B., e Souza, F.E.P., *A economia brasileira em marcha forçada*, Rio de Janeiro, Paz e Terra, 1985.

7. Sobre o novo modelo liberalizante e o "Consenso de Washington", consultar Tavares, M.C., e Fiori, J.L., *Desajuste global e modernização conservadora*, São Paulo, Paz e Terra, 1993.

Capítulo III

1. A teoria social por vezes agrega a isso uma formatação lógica e idealização normativa.

2. Nas últimas décadas, uma nova disciplina denominada socioeconomia mostrou como os mercados são constantemente permeados pela sociedade e como dependem mesmo, para seu funcionamento, de instituições que lhe são exteriores, entre as quais a confiança (*trust*) é uma das mais importantes. Trata-se da redescoberta ou revalorização dos clássicos da economia política e da sociologia. Ver, entre outros, Granovetter, M., e Swedberg, R., *The Sociology of Economic Life*, Boulder, Westview Press, 1992.

3. A promissória, a hipoteca e a sociedade mercantil, como mostrou Weber, derivam do direito medieval e das estruturas jurídicas formais do direito romano, enquanto a Igreja e as teocracias monárquicas em geral favoreceram o direito material orientado por valores. Ver Weber, M., *Economía y sociedad*, México, Fondo de Cultura Económica, 1996.

4. Sobre o surgimento do seguro moderno, ver Zelizer, V.A., "Human values and the market: the case of life insurance and death in 19th-century America", em Granovetter, M., e Swedberg, R., op. cit.

5. Ver o clássico trabalho de Karl Polanyi, *The Great Transformation*, Boston, Beacon Press, 1944.

6. Ver, entre outros, Mileer, D. (org.), *Aknowledging Consumption*, Londres, Routledge, 1996; Gabriel, Y., e Lang. T., *The Unmanageable Consumer*, Londres, Sage, 1995; Slater, D., *Consumer, Culture & Modernity*, Cambridge, Polity Press, 1997; McCracken, G., *Culture & Consumption*, Bloomington, Indiana University Press, 1990; Cross, G., *Time and Money*, Londres, Routledge, 1993; Featherstone, M., *Consumer, Culture & Postmodernism*, Londres, Sage, 1990; Sulkunen, P., Holmwood, J., Radner, H., e Schulze, G. (orgs.), *Constructing the New Consumer Society*, Londres, Macmillan, 1997; Lunt, P.K., e Sivingstone, S.M., *Mass Consumption and Personal Identity*, Buckingham, Open University Press, 1992. Merece menção especial o livro precursor de Jean Baudrillard, *Le système des objets*, Paris, Gallimard, 1968.

7. Ver Douglas, M., e Isherwood, B., *The World of Goods*, Londres, Routledge, 1996, e boa parte dos ensaios em Haskell, T.L., e Teichgraeber III, R.F. (orgs.), *The Culture of the Market — Historical Essays*, Cambridge CUP, 1996, e Appadurai, A., *The Social Life of Things*, Cambridge, CUP 1996.

8. Ver, entre outros, Harvey, D., *The Condition of Postmodernity*, Oxford, Blackwell, 1989.

9. A reflexão de Bauman sobre as relações entre modernidade e consumo está presente em praticamente toda a sua produção nas duas últimas décadas. Ver, entre outros, Bauman, Z., *Life in Fragments*, Oxford, Blackwell, 1995; *Intimations of Postmodernity*, Londres, Routledge, 1992; *Mortality, Immortality*, Stanford University Press, 1992; *Postmodern Ethics*, Oxford, Blackwell, 1992; *O mal-estar da pós-modernidade*, Rio de Janeiro, Jorge Zahar, 1999.

10. Essa visão foi se modificando nos últimos trabalhos com a introdução dos problemas levantadas pela pobreza e a política. Ver Bauman, Z., *Globalização: as conseqüências humanas*, Rio de Janeiro, Jorge Zahar, 1999; *Em busca da política*, Rio de Janeiro, Jorge Zahar, 2000.

11. Referindo-se ao aparecimento recente da questão do consumo nos estudos sobre a classe operária, V. de Grazia e L. Cohen dizem que "a constituição do 'problema' do consumo em objeto de estudo histórico é relativamente recente". "Na medida em que o consumo dizia respeito a classe, parecia ter a ver apenas com a burguesia ou a falsa consciência de operários que sucumbem ao fetichismo da mercadoria e à inveja de classe." "Escrever sobre os hábitos de consumo da classe operária como se tivessem motivação e forma semelhantes aos do consumo da elite parecia, portanto, solapar as noções de formação e consciência de classe definidas por relações de produção e contrariar desse modo o próprio projeto de escrever uma história crítica das relações de classe." "Introduction to class and consumption", *International Labor and Working—Class History*, 55, primavera de 1999, p.1.

12. Essa separação é obviamente relativa. A maioria dos produtos de consumo tem um ciclo social, isto é, começa como produto caro que só pode ser adquirido por pessoas de maior poder aquisitivo, passando então por um barateamento que possibilita seu acesso aos setores mais pobres.

13 Quando o Programa das Nações Unidas para o Desenvolvimento (PNUD) organizou seu informe de 1998 sobre Índices de Desenvolvimento Humano em torno da questão do consumo, passou a reconhecer que este constitui o horizonte de necessidades do homem contemporâneo (e não necessidades "objetivas"). A integração do conceito de consumo ao de desenvolvimento humano exige no entanto maior elaboração. Ver PNUD, *Relatório do desenvolvimento humano*, Lisboa, ONU, 1998.

14. Em inglês poder-se-ia falar em *illiterates friendly*.

15. De acordo com a *Gazeta Mercantil* de 22.8.99, o Brasil responde por 88,5% do total do comércio realizado via Internet na América Latina, o que indica a impressionante tendência do consumidor brasileiro a acompanhar as modas de consumo.

16. Esta seção beneficiou-se particularmente do livro de Josué Rios, *A defesa do consumidor e o direito como instrumento de mobilização social*, Rio de Janeiro, Mauad, 1998.

17. Na reunião dos países do Mercosul em dezembro de 1997, houve uma tentativa de criar uma legislação comum que implicasse na redução do alcance do Código Brasileiro de Defesa do Consumidor. Uma ampla mobilização de associações civis e do Ministério Público levou o governo a se opor à proposta.

18. Concentramo-nos nos principais organismos de proteção ao consumidor, de modo que não analisaremos outras instituições ou órgãos preexistentes, como a Vigilância Sanitária ou a Superintendência Nacional de Abastecimento e Preços (Sunab).

19. Os índices são da Secretaria de Justiça e Defesa da Cidadania, Fundação de Proteção e Defesa do Consumidor, cujo *site* eletrônico é: www.procon.sp.gov.br.

20. A divisão por setor das reclamações fundamentadas é a seguinte: serviços 37%, produtos 32%, assuntos financeiros 16%, saúde 10%, habitação 4% e alimentação 1%.

21. Sobre os quadros que integrarão o Procon e sua afinidade com outros movimentos sociais de defesa do consumidor nos Estados Unidos durante os anos 60, ver Gisela Taschner Black, "Proteção do consumidor: Um estudo comparativo internacional", Relatório nº 1/1995, São Paulo, Fundação Getulio Vargas.

22. Castilho, E.V., e Sadek, M.T., *O Ministério Público e a administração da Justiça no Brasil*, São Paulo, Sumaré, 1998; Arantes, Rogério Bastos "Direito e política: O Ministério Público e a defesa dos direitos coletivos", *Revista Brasileira de Ciências Sociais*, 39, fevereiro de 1999.

23. *Consumidor S.A.*, dezembro de 1998.

24. No Espírito Santo houve a intenção de criar um Partido Nacional do Consumidor.

25. O *site* do Idec contém informações atualizadas sobre suas áreas de atuação. Ver http://193.128.6.150/consumers/.

26. Os advogados do Idec não participam dessa comissão, o que gerou uma reação da OAB, que iniciou processo contra o instituto, posteriormente suspenso.

27. Já que é possível vincular-se posteriormente ao veredito de uma ACP mesmo sem ter tomado parte da ação.

28. Rios, J., "A afirmação dos direitos do consumidor por via judicial", *O consumidor no contexto da globalização*, Idec, 1997.

29. Embora tenha entrado antes com uma ação bem-sucedida contra o Ministério da Agricultura, questionando a liberação de rações bovinas prejudiciais à saúde (*Consumidor S.A.*, 6.3.1996).

30. A legislação vigente e a posição do governo podem ser encontradas no *site* www.mct.gov.br. A posição do Idec pode ser consultada no *site* referido na nota 25.

31. Ver *Consumidor S.A.*, 43, jul./ago. 1999, p.14.

32. Idec, "Pesquisa do perfil e comportamento do associado", 1998.

33. Segundo Rios, J., op. cit.

34. Para uma descrição da dinâmica da burocracia estatal, ver Abranches, S., "El estado", em Jaguaribe, H. (org.), *La sociedad y los partidos en la actualidad brasileña*, México, Fondo de Cultura Económica, 1992.

35. Enfrentar os *lobbies* econômicos não é tarefa fácil, pois estão incrustados na própria estrutura do Estado. No caso dos remédios, em particular, o caminho a percorrer é longo, pois continuam a circular remédios proibidos na Europa ou nos Estados Unidos e medicamentos que combinam antibióticos com outros ingredientes ativos nocivos à saúde. O Brasil urbano também vive uma verdadeira epidemia de farmácias, mais do dobro da média recomendada pela Organização Mundial de Saúde, que descumprem a regulamentação de ter obrigatoriamente um farmacêutico (inclusive porque não há número suficiente de profissionais), o que é particularmente grave num país onde grande parte da população pratica a automedicação.

36. Uma análise da crise por que passa o setor de saúde é encontrada em Costa Nilson do Rosário, "Inovação política, distributivismo e crise: A política de saúde nos anos 80 e 90", *Dados,* vol.39, 3, 1996.

Capítulo IV

1. O integralismo foi a elaboração mais importante desse fenômeno: ver Trindade, H., *Integralismo*, São Paulo, Difel, 1974. As origens do pensamento autoritário brasileiro são analisadas por Lamounier, B., "Formação de um pensamento autoritário durante a Primeira República: Uma interpretação", em Fausto, B. (org.), *História geral da civilização brasileira. O Brasil republicano*, vol.II, São Paulo, Difel, 1975.

2. Por exemplo, efetivando no cargo funcionários com mais de cinco anos de serviço sem concurso público.

3. Sobre a posição dos parlamentares em relação às privatizações, ver Almeida, M.H.T. de, e Moya, M., "A reforma negociada: O Congresso e a política de privatização", *Revista Brasileira de Ciências Sociais*, vol.12, 34, 1997.

4 Ver, entre outros, Martins, C.E., *Capitalismo de Estado e modelo político no Brasil*, Rio de Janeiro, Graal, 1977; Pereira, L.C.B., *A sociedade estatal e a tecnoburocracia*, São Paulo, Brasiliense, 1980.

5. Ver Castro, A.B., e Souza, F.E.P., op. cit.

6. Esta afirmação baseia-se em informações jornalísticas.

7. Ver Diniz, E., "Empresariado, regime autoritário e modernização capitalista: 1964-1985", em Soares, G.A.D., e D'Araújo, M.C. (orgs.), *21 anos de regime militar: Balanço e perspectivas*, Rio de Janeiro, Ed. da FGV, 1994.

8. Como mostram M.H.T. de Almeida e Maurício Moya, op. cit., o Poder Executivo pôde contar durante todo o processo das privatizações com amplo apoio do Congresso, que em sua maioria era favorável a soluções intermediárias e maior controle do processo.

9. Berger, V.N., "A experiência européia em matéria de privatizações e concessões de serviços públicos", *ABC Nordeste*, 1996.

10. Ver Windolf, P., "Privatisation and elite reproduction in Eastern Europe", *Archives Européennes de Sociologie*, XXXIX, 2, 1998.

11. Perigo que efetivamente existia, uma vez que o próprio Estado, através do BNDES, se transformou no principal financiador das empresas participantes das privatizações.

12. Numa entrevista publicada em 1995, o presidente Fernando Henrique Cardoso indicava um modelo de privatização do setor de telecomunicações diferente do que foi adotado: "Proponho vender algumas empresas de telecomunicações e abrir o mercado a novas tecnologias. A ilação de que o investimento estrangeiro será limitado a uma participação minoritária é do ministro das Comunicações." Ver Hoge Jr., J., "Fulfilling Brazil's promise — A conversation with President Cardoso", *Foreign Affairs*, jul./ago. 1995.

13. Uma lista atualizada das empresas privatizadas e dos recursos recebidos nas vendas pode ser encontrada no seguinte *site* da Internet: www.bndes.gov.br.

14. Ver Marshall, T.H., *Citizenship and Social Class and Other Essays*, Cambridge CUP, Press, 1950.

15. Ver, entre outros, Bulmer, M., e Rees, A.M. (orgs.), *Citizenship Today: The Contemporary Relevance of T. H. Marshall*, Londres, UCL Press, 1996; Turner, B.S., "Outline of a theory of citizenship", *Sociology*, vol.21, 3, 1987; Mann, M., "Ruling Class Strategies and Citizenship", *Sociology*, vol. 21, 3, 1987.

16. No final dos anos 80, antes que terminasse a reserva de mercado para informática, possivelmente a maioria absoluta dos computadores domésticos e de grande número de empresas era contrabandeada.

17. Poder-se-ia argumentar que deixariam de ser privilégios se pudessem ser estendidos ao conjunto da sociedade, mas em geral isso não é possível.

18. A incapacidade do governo de obter mais recursos para políticas sociais parece justificar-se, no discurso do governo, pelo déficit das aposentadorias do setor público, deixando de lado o fato de que os proprietários das grandes fortunas pagam impostos irrisórios, que as grandes empresas utilizam brechas na lei para escapar ao fisco e que a evasão de tributos sociais nas empresas assume proporções gigantescas.

19. Sobre esse processo que R. Castel chama de "desafiliação", ver sua obra *Les métamorphoses de la question sociale*, Paris, Fayard, 1995.

20. Ver Castells, M., *The Information Age: Economy, Society and Culture*, Oxford, Blackwell, vol.I, 1996, cap.3.

21. Isso não significa que as empresas públicas estatais não tenham tido *também* políticas de expansão de serviços e tarifas com uma perspectiva de integração social e considerando as diversidades regionais e desigualdades sociais. Têm mesmo alto nível de tolerância quando nos bairros populares as mensalidades são pagas com atraso (ou não são pagas) e se fazem ligações clandestinas com as redes elétrica ou de água.

22. Ver Cardoso, R.C.L., "Movimentos sociais urbanos: balanço crítico", em Sorj, B., e Almeida, M.H.T. (orgs.), *Sociedade e política no Brasil pós-64*, São Paulo, Brasiliense, 1984.

Capítulo V

1. Ver especialmente a monumental obra de Castells, M., *The Information Age: Economy, Society and Culture*, Oxford, Blackwell, 3 vols., 1996-98, e Reich, R.B., *The Work of Nations*, Nova York, Vintage, 1992.

2. Ver Scalon, M.C., op. cit., que mostra a relação de mobilidade com períodos de dinamismo econômico e a existência no Brasil de mobilidade de curta distância mas de baixa mobilidade entre os setores manual e não manual.

3. Diniz, E., "Globalização, elites empresariais e democracia no Brasil dos anos 90", *Ensaios FEE*, vol.20, 1, 1999.

4. Em 1992 o serviço público respondia por mais de 20% do emprego assalariado formal.

5. A formação dos economistas que constituíram o núcleo dirigente da economia brasileira nas últimas três décadas e que mantiveram o padrão de valorização de uns poucos cursos de graduação no Brasil e de pós-graduação no exterior foi analisada por Loureiro, M.R., *Os economistas no governo*, Rio de Janeiro, Ed. da FGV, 1997.

6. O que se evidencia no número crescente de feiras e exposições dedicadas a cursos no exterior e na expansão dos escritórios de representação de universidades e centros educacionais nos Estados Unidos e, em menor escala, na Europa.

7. Este, contudo, em particular o exército, continua sendo um meio de ascensão a posições dirigentes para setores da baixa classe média.

8. Seria interessante investigar a correlação existente entre cada novo computador que entra em uso e a quantidade de serviços que gera.

9. Ver Roberts, B.R., "A dimensão social da cidadania", *Revista Brasileira de Ciências Sociais*, 33, ano 12, 1997, e Telles, V., "A 'nova questão social' brasileira", *Revista Praga*, 6, setembro 1998. Para uma análise de caso das condições dos problemas do exercício da cidadania dentro de uma favela, ver Vidal, D., *La politique au quartier — Rapports sociaux et citoyenneté à Recife*, Paris, Editions de la Maison des Sciences de l'Homme, 1998.

10. E não é casual que Vicentinho, outro líder da CUT com origem social semelhante, representando uma geração mais nova, tenha decidido se reciclar fazendo um curso de direito.

11. Tanto para continuar recebendo o seguro-desemprego como para "tratamento" de reinserção no mercado de trabalho. As exigências, inclusive, tornamse cada vez mais pessoais, incluindo a de não se ter mais filhos enquanto desempregado.

12. Ver Sorj, B., *Estado e classes sociais na agricultura brasileira*, Rio de Janeiro, Zahar, 1982.

13. Ver Goodman, D., Sorj, B., e Wilkinson, J., *From Farming to Biotechnology*, Oxford, Blackwell, 1987.

14. Ou o "orçamento participativo", que foi a principal inovação introduzida pelo PT no governo de Porto Alegre e que lhe valeu a reeleição.

15. Ver Cardoso, A.M., *Sindicatos, trabalhadores e a coqueluche neoliberal*, Rio de Janeiro, Ed. da FGV, 1999.

16. Ver Miceli, S., "Le rôle politique des moyens de communication de masse au Brésil", em Pécaut, D., e Sorj, B. (orgs.), *Métamorphoses de la représentation politique au Brésil et en Europe*, Paris, CNRS, 1991.

17. Ver Sorj, B., "A reforma agrária em tempos de democracia e globalização", *Novos Estudos Cebrap*, 50, 1998.

18. Ver Goldani, A.M., "Retratos de família em tempos de crise", *Revista Estudos Feministas*, outubro de 1994, e "A família no Brasil contemporâneo e o mito da desestruturação", *Cadernos Pagu*, 1, 1993.

19. Isso sem considerar que a publicidade está altamente segmentada por sexo e faixas etárias. Ver Debert, G.G., "A invenção da terceira idade e a rearticulação de formas de consumo e demandas políticas", *Revista Brasileira de Ciências Sociais*, vol.12, 34, 1997.

20. Ver, entre outros, Giddens, A., *A transformação da intimidade*, São Paulo, Unesp, 1993.

21. Ver Sorj, Bila, "Sociologia e trabalho: mutações, encontros e desencontros", *Revista Brasileira de Ciências Sociais*, vol. 15, 43, 2000.

22. Um recente levantamento sobre os evangélicos do Grande Rio (a pesquisa identificou 53 denominações diferentes) mostrou que 70% não nasceram nem foram criados em lares evangélicos, que a presença feminina nas igrejas evangélicas é o dobro da masculina, que a maior parte dos adeptos é de origem católica (64%), que 24% do total se converteram nos últimos três anos (o que indica um rápido crescimento dessas denominações), que os evangélicos participam muito mais do culto semanal que os católicos (85% contra 13%) e em geral têm um nível de envolvimento com outras organizações (sindicato, bairro) superior ao do restante da população. Apesar da tendência a associar os evangélicos a certo conservadorismo moral, isso não se traduz necessariamente em posições políticas conservadoras. Ver Fernandes, R.C. (org.), *Novo nascimento — Os evangélicos em casa, na igreja e na política*, Rio de Janeiro, Mauad, 1998.

23. No Rio de Janeiro os empregadores em geral preferem participantes de igrejas evangélicas, ligados a valores de abstenção alcoólica, dedicação e honradez.

24. Ver Lehmann, D., *Struggle for the Spirit*, Cambridge, Polity Press, 1996, e Parker, C., *Otra lógica en América Latina*, Santiago, Fondo de Cultura Eco-

nómica, 1996, para uma análise comparativa das tendências religiosas no Brasil e na América Latina.

25. Referimo-nos aqui ao conceito teórico de sociedade civil e não a seu sentido lato, próximo ao sentido jurídico e do senso comum, que inclusive utilizamos livremente no resto do texto. Uma apresentação equilibrada, de simpatia crítica do conceito, pode ser encontrada em Walzer, M., "The civil society argument", em Beiner, R., *Theorizing Citizenship*, Albany, State University of New York Press, 1995.

26. Ver o artigo de Andrew Arato, "Ascensão, declínio e reconstrução do conceito de sociedade civil", *Revista Brasileira de Ciências Sociais*, 27, fevereiro de 1995, que mostra bem essa dificuldade de querer passar de um conceito que teve seu lugar na descrição (e auto-imagem) dos grupos que enfrentaram regimes autoritários para um contexto de sociedades democráticas. Outra trajetória do conceito de sociedade civil está relacionada nos Estados Unidos à chamada corrente comunitarista, que enfatiza a importância de um associativismo que se encontra num nível intermediário entre os indivíduos e as associações cívicas nacionais.

27. "Threads of planetary citizenship", em Oliveira, M.D., e Tandon, R. (orgs.), *Citizens-Strengthening Global Civil Society*, Washington, Civicus, 1994. Esse trabalho constitui uma excelente análise e defesa da idéia do Terceiro Setor e do papel das ONGs. Ver também Landim, L., *Ações em sociedade*, Rio de Janeiro, Iser/Nau, 1999.

28. Ver Reis, Elisa, "Governabilidade e solidariedade", em Valladares, L., e Prates Coelho, M. (orgs.), *Governabilidade e pobreza no Brasil*, Rio de Janeiro, Civilização Brasileira, 1995.

29. Coleman, J.M., *Foundations of Social Theory*, Cambridge, Harvard University Press, 1990.

30. Ver Putnam, R.D., *Making Democracy Work*, Princeton, Princeton University Press, 1993.

31. O amoralismo familiar segue o lema: "Maximize a vantagem material a curto prazo da família nuclear e suponha que todos os demais farão o mesmo." Ver Banfield, E.C., *The Moral Basis of a Backward Society*, Nova York, The Free Press, p. 85.

32. Seligman, A.B., *The Problem of Trust*, Princeton, Princeton University Press, 1997.

33. Ver Hall, P.A., "Social capital in Britain", *British Journal of Political Science*, 29, 1999.

34. J.D. Kelly critica B. Anderson por considerar que o nacionalismo moderno criou um tempo universal, newtoniano. Segundo Kelly, os Estados nacionais tentaram criar um espaço temporal próprio. Penso que as duas posições são parciais, já que o Estado nacional se construiu a partir de uma temporalidade anterior, o calendário gregoriano, de que o Estado moderno foi o principal difusor e dentro do qual, ao mesmo tempo, tratou de criar uma temporalidade própria. Ver Kelly, J.D., "Time and the global: Against the homogeneous, empty communities in contemporary social theory", *Development and Culture*, vol.29, 4, 1998.

35. Ver Giddens, A., *A Contemporary Critique of Historical Materialism*, Londres, Macmillan, 1981.

36. Nesse sentido, "o fim da história" refere-se não ao fim das transformações sociais, mas ao fim da sensação de "fazer parte", de ser ator e participante do drama histórico. A "história" pode continuar, mas deixou de ser relacionada com a vida e os dramas de cada um.

37. O empobrecimento da vida pública, ligado à inflação e aos programas de estabilização monetária, fez com que os economistas se tornassem a voz hegemônica do discurso societário no Brasil nas últimas décadas.

38. Sobre as aventuras das ciências e cientistas sociais no Brasil, ver Pecaut, D., *Os intelectuais e a política no Brasil*, São Paulo, Ática, 1990, e Miceli, S., *História das ciências sociais no Brasil*, São Paulo, Vértice, vols.1 e 2, 1989 e 1991.

39. A crise de importância vivida pelos cientistas sociais no Brasil é variada e inclui não apenas o novo contexto societário como a instabilidade salarial, a falta de recursos para a pesquisa acadêmica (em geral só disponíveis dentro de uma agenda definida por organismos públicos, nacionais ou internacionais, e fundações *policy oriented*) e a crise interna da própria universidade, dividida e paralisada por práticas corporativistas.

40. Ver Bauman, Z., *Legislators and Interpreters: On Modernity, Postmodernity, and the Intellectuals*, Cambridge, Polity Press, 1987.

Capítulo VI

1. Ver Habermas, J., *The Theory of Communicative Action*, vol.2, Boston, Beacon Press, 1989, p.357.

2. Ver, por exemplo, a definição apresentada por Torbjörn Vallinder: "Assim, a judicialização da política deveria normalmente significar ou (1) a extensão da alçada dos tribunais ou dos juízes às expensas dos políticos e/ou administradores, isto é, a transferência dos direitos decisórios do parlamento, do governo ou do serviço público para os tribunais ou, ao menos, (2) a difusão dos métodos decisórios judiciais para além da alçada judicial propriamente dita. Resumindo, podemos dizer que a judicialização implica essencialmente em fazer com que algo assuma a forma de um processo judicial." "The judicialization of politics — A world-wide phenomenon: Introduction", *International Political Science Review*, vol.15, 1994.

3. Seguimos aqui basicamente a periodização apresentada por Bobbio, N., *A era dos direitos* (Rio de Janeiro, Campus, 1992), posterior ao texto de Marshall e que nos parece a mais adequada, pois inclui uma nova onda de expansão dos direitos humanos que se segue ao *welfare state*. Por outro lado, Bobbio junta os direitos civis e políticos, enquanto Marshall distingue uns e outros como correspondendo a duas fases diferentes, separação que este texto acompanha. Talvez a dificuldade de Habermas em incluir uma nova onda de direitos apos o *welfare state* no seu esquema histórico se deva a seu embasamento teórico, ainda forte-

mente ligado ao marxismo. Enquanto as ondas anteriores de juridificação estavam relacionadas a atores sociais gerados a partir do sistema produtivo, a nova onda de direitos se constitui a partir da construção de identidades pela radicalização do sistema de direitos individuais sem relação direta com o sistema econômico.

4. Ver Sachs, I., *L'Ecodéveloppement*, Paris, Syros, 1997.

5. Ver Rowls, M., e Rowlands, M., *Animal Rights: A Philosophical Defense*, St. Martin Press, 1999.

6. Ver Bumiller, K., *The Civil Rights Society: The Social Construction of Victims*, Baltimore, Johns Hopkins University Press, 1992.

7. Ver Jonas, H., *Le principe responsabilité*, Paris, Champs/Flammarion, 1998.

8. Cada onda de direitos inclusive obriga a rever o âmbito dos outros direitos, além de as transformações sociais e tecnológicas obrigarem a reconstruir constantemente noções como, por exemplo, liberdade ou participação.

9. "Na maioria das situações em que um direito está em questão ... não se pode proteger incondicionalmente um deles sem tornar o outro inoperante." Bobbio, N., op. cit., p.42. A existência dessa antinomia, em particular os direitos à propriedade e à igualdade diante da lei, levou autores como Marx e, em geral, a tradição socialista revolucionária a denunciar um dos termos da antinomia (a igualdade diante da lei) como sendo uma liberdade formal, mistificadora. A tradição socialista moderada reconhece a contradição, mas considera que os dois elementos têm uma realidade efetiva e se influenciam mutuamente.

10. Como, por exemplo, em nome da liberdade de contrato, pretendeu-se justificar a proibição dos sindicatos de trabalhadores ou quando, em nome dos direitos sociais, se justifica a negação de liberdades civis ou políticas ou quando o direito à propriedade entra em choque com os direitos sociais ligados ao uso da propriedade (terra, empresa) ou ainda, a nível pessoal, por exemplo, o direito à livre expressão é limitado pelo direito a não ser difamado ou a proibição de matar encontra justificação para ser transgredida em nome da legítima defesa.

11. Ver Ferry, L., e Renaut, A., *Philosophie politique 3 — Des droits de l'homme à l'idée républicaine*, Paris, PUF, 1985.

12. Ver Dumont, L., *Essais sur l'individualisme*, Paris, Seuil, 1983.

13. Se essas contradições são lógicas, seu desenvolvimento concreto é histórico e sociológico.

14. Op. cit.

15. O debate sobre multiculturalismo tem ampla bibliografia. Ver, entre outros, Gutmann, A., *Multiculturalism*, Princeton, Princeton University Press, 1994; Etzioni, A., *New Communitarian Thinking*, The University Press of Virginia, 1996; Glazer, N., *Affirmative Discrimination: Ethnic Inequality and Public Policy*, Harvard University Press, 1989. Sobre o impacto internacional do feminismo, ver Wolper, A., e Peters, J.S. (orgs.), *Women's Rights, Human Rights: International Feminist Perspectives*, Londres, Routledge, 1998. A questão dos direitos de minorias étnicas ou raciais difunde-se hoje a toda a América Latina: ver Mendez, J., O'Donnell, G., e Pinheiro, P.S. (orgs.), *The (Un)Rule of Law & The Underprivileged in Latin America*, University of Notre Dame Press, 1999.

16. Ver Piore, M.J., *Beyond Individualism*, Cambridge Harvard University Press, 1995, e Rorty, R., *Achieving Our Country: Leftist Thought in Twentieth-Century America*, Cambridge, Harvard University Press, 1999.

17. A imagem nos tempos pré-modernos teve sempre dimensões sagradas, fosse diretamente através da iconografia religiosa, fosse como homenagem ao poder e, em geral, as duas coisas misturadas. O problema do direito à imagem surge com a máquina fotográfica e a reprodução indiscriminada da imagem num mundo mercantilizado e secularizado. A imagem pertence ao indivíduo ou ao fotógrafo?

18. Sobre este ponto, consultar o livro de Polanyi, K., op. cit.

19. Sobre este ponto e o seguinte, ver Santos, B. de S., e Marques, M.M.L., "Os tribunais nas sociedades contemporâneas" *Revista Brasileira de Ciências Sociais*, ano II, 30, 1996.

20. Ver Briquet, J., "Italie: Un système de pouvoir en procès", *Critique Internationale*, 3, 1999.

21. Sobre a mediatização do Judiciário, ver Garraud, Ph., "Les nouveaux juges du politique en France", *Critique Internationale*, 3, 1999.

22. Ver Jonsen, A.R., *The Birth of Bioethics*, Oxford, OUP, 1998.

23. Unger, R.M., *O direito na sociedade moderna*, Rio de Janeiro, Civilização Brasileira, 1979.

24. Ver Torbjörn Vallinder, op. cit.

25. Ver Gauchet, M., *La religion dans la démocratie — Parcours de la laïcité*, Paris, Gallimard, 1998.

26. O que produz também fenômenos paradoxais, como levar juízes que passam a desfrutar de popularidade a se candidatar a cargos políticos.

27. André-Jean Arnaud menciona três processos paralelos de dissociação: direito estatal (*droit étatique*) suplementar, suplantado e substitutivo. Ver "De la régulation par le droit à l'heure de la globalisation. Quelques observations critiques", *Droit et Société*, 35, 1997.

28. O caso de Pinochet é um exemplo e um sintoma do problema. Outro tipo de conflito, entre a soberania nacional e as instâncias regionais, é particularmente exemplificado na decisão do Conselho Constitucional da França, que considerou inconstitucional a Carta Européia de Línguas Regionais e Minoritárias (que permite o uso da língua regional tanto para fins privados quanto públicos), decisão que foi apoiada por políticos das mais variadas tendências partidárias que consideram o monopólio da língua francesa fundamental para a unidade da república (ver *Le Monde*, 24.5.1999).

29. Em Blanquer a "sociedade de direitos" refere-se à confluência de vários tipos de direitos (internacional, nacional, infranacional) que são mobilizados pelos grupos sociais, em função de seus interesses e que transferem ao ator jurídico um papel de arbitragem, mediação e regulação da coerência do sistema. Ver Blanquer, J.M., "Entre état de droit et société de droits: L'Amérique latine à la recherche d'un concept directeur", *Forum Développement et Culture*, BID, tomo 4, 1999.

30. Sobre a internacionalização da luta contra o crime, ver Capeller, W. de L., "La transnationalisation du champ pénal: Réflexions sur les mutations du crime et du contrôle", *Droit et Société*, 35, 1997.

31. Nos altos custos e morosidade dos processos judiciários devem ser incluídos outros fatores, como os advogados, interessados por vezes em processos longos.

32. Bobbio, N., op. cit.

33. A dessacralização do poder é analisado por Gauchet, op. cit.

34. Ver Habermas, J., "Struggles for recognition in the democrativc constitutional state", em Gutmann, A., op. cit.

35. Ver, entre outros, Arantes, Rogério Bastos, op. cit; Cavalcanti, Rosângela Batista, *Cidadania e acesso à Justiça*, São Paulo, Sumaré, 1999; Sadek, M.T., *Uma introdução à Justiça*, São Paulo, Sumaré, 1995; Vianna, L.W., Resende de Carvalho, M.A., e Cunha Melo, M.P., *Corpo e alma da magistratura brasileira*, Rio de Janeiro, Revan, 1997; Adorno, S., "Violence urbaine, justice criminelle et organisation sociale du crime", *Cahiers du Brésil Contemporain*, 1997, 31. Sobre a "crise" do Judiciário, ver Faria, J., *O Poder Judiciário no Brasil: Paradoxos, desafios e alternativas*, Brasília, Conselho da Justiça Federal, Série Monografias, vol.3, 1996, e Faria, J. (org.), *Direito e justiça — A função social do Judiciário*, São Paulo, Ática, 1989.

36. Sobre a Associação "Juízes para a Democracia" (AJD), consultar o *site* da Internet: www.ajd.org.br. A apresentação da entidade diz: "Afinal, não basta que um juiz conheça a lei. Tem que dar ao direito o sentido de uma prática social com vistas a uma sociedade mais justa que, como advertiu Cornelius Castoriadis, não é a que adota leis para sempre justas mas aquela em que a questão da justiça permanece constantemente aberta." Entre as posições defendidas pela AJD estão 1) oposição à súmula com efeitos vinculantes, 2) extinção do representante classista na Justiça do Trabalho, 3) extinção da Justiça Militar em nível estadual, 4) fusão do Poder Judiciário com o Ministério Público na segunda instância, 5) extinção dos cartórios e a transferência de suas funções aos municípios, 6) extinção dos Tribunais de Contas.

37. Isto é, a tendência, inclusive dos membros da magistratura e do Ministério Público, a ver o Judiciário como instrumento capaz de suprir a falta de instituições políticas eficazes de defesa do cidadão.

38. Faro de Castro, Marcus, "O Supremo Tribunal Federal e a justicialização da política", *Revista Brasileira de Ciências Sociais*, 34, junho de 1997.

39. A Ação Civil Pública também pode ser promovida por instituições ou empresas públicas, fundações, sociedades de economia mista e associações voltadas para a defesa do consumidor, do meio ambiente ou do patrimônio histórico e cultural. A ACP permite ao magistrado tomar medidas preventivas com poder executório antes da sentença final, com o objetivo de suspender efeitos que posteriormente seriam irreparáveis (como é o caso, por exemplo, da defesa do sistema ecológico ou do patrimônio histórico).

40. Pelo artigo 127 da Constituição de 1988, o Ministério Público tem como objetivo a "... defesa da ordem jurídica, do regime democrático e dos interesses sociais e individuais indisponíveis".

41. Para uma análise da composição social e a visão que os integrantes do Ministério Público têm do seu papel na sociedade e um breve histórico dele e da ACP, ver Sadek Maria Tereza (org.), *O Ministério Público e a Justiça no Brasil*, São Paulo, Sumaré, 1997; Wiecko, E., Castilho, V., e Sadek, M.T., *O Ministério Público e a administração da Justiça no Brasil*, São Paulo, Sumaré, 1998; Arantes, Rogério Bastos, "Direito e política: O Ministério Público e a defesa dos direitos coletivos", *Revista Brasileira de Ciências Sociais*, 39, fevereiro de 1999.

42. Isto se expressa na opinião favorável que o Ministério Público tem de si mesmo e na visão crítica sobre a Justiça comum. Ver Rogério Bastos Arantes, op. cit.

43. Esse conceito foi extraído de Faria, J. E., op. cit., p.35.

44. Ver, entre outros, Vanderschueren, F., e Ociedo, E. (orgs.), *Acesso de los pobres a la justicia*, Santiago, Sur, 1995. A Fundação Ford desempenha um papel particularmente ativo na mobilização de uma agenda de *affirmative action* para os negros, assim como teve um papel importante no financiamento de grupos feministas.

45. Ver Almeida, M.H.T., "Federalismo e políticas sociais", *Revista Brasileira de Ciências Sociais*, 28, ano 10, 1995.

46. A Justiça do Trabalho funcionou como um canal bastante eficiente de acesso aos direitos legais dos trabalhadores. Apesar de criada no Estado Novo, sob influência de uma perspectiva fascista, com o objetivo de controlar o conflito social, a Justiça do Trabalho mantém-se até hoje, embora criticada por varias centrais sindicais como instituição obsoleta. Independente de suas limitações, a Justiça do Trabalho funcionou, especialmente para os trabalhadores de pequenas empresas e empregadas domésticas, como um canal bastante eficiente para garantir os seus direitos.

47. Sobre questões relativas a gênero, ver em especial a revista "Estudos Feministas". As reivindicações do movimento negro podem ser encontradas na revista *Thoth*; sobre os direitos do consumidor, ver a revista *Consumidor S.A.*, do Idec.

48. Op. cit., p.267.

49. Para uma análise das principais correntes e propostas de reforma do Poder Judiciário, consultar Koerner, A., "O debate sobre a reforma judiciária", *Novos Estudos Cebrap*, 54, 1999.

Capítulo VII

1. Embora esteja fora dos limites deste trabalho uma análise de nossas diferenças em relação ao modelo de sociabilidade brasileira elaborado por Roberto da Matta, possivelmente o antropólogo contemporâneo mais sensível às peculiaridades da cultura nacional, com obras clássicas como *Carnavais, malandros e heróis*. (Rio de Janeiro, Zahar, 1979), devo pelo menos indicar duas discordâncias fundamentais: 1) não creio que a sociedade brasileira esteja corretamente caracterizada ao ser incluída, como o faz da Matta usando o modelo de L. Dumont,

num contínuo dominado pela polaridade entre sociedade individualista e sociedade holística. Na sociedade brasileira, pelo menos a partir da segunda metade do século XX, as hierarquias tradicionais não têm peso importante; e as redes sociais são tecidas a partir dos indivíduos; e 2) como buscamos mostrar, a sociabilidade não pode ser reduzida a um padrão único, generalizável para toda a sociedade. Em certos subsistemas, como o mercado, já é dominante a racionalidade individualista, enquanto em outros continua a predominar o patrimonialismo.

2. Por exemplo, a solidariedade entre vizinhos e instituições como a dos "irmãos de leite" ou "irmãos de consideração". Agradeço em particular a Ana de Jesus dos Santos, moradora do subúrbio carioca de Queimados, por informações sobre o cotidiano de seu bairro.

3. Nesse sentido, a crítica de C.G. Mota à segunda perspectiva, que tacha de ideológica, enquanto a primeira seria "científica", parece-nos inadequada. As duas perspectivas são "ideológicas", no sentido de que estão associadas a contextos/interesses sociais e perspectivas culturais, o que não elimina a relevância de cada problemática, independentemente do rigor metodológico e intelectual dos autores. Ver Mota, G., *Ideologia da cultura brasileira (1933-1974)*, Rio de Janeiro, Ática, 1977.

4. As mudanças de paradigma expressaram-se, por sua vez, no deslocamento de hegemonia das diferentes disciplinas das ciências sociais — economia, ciência política, sociologia —, sem mencionar outras mudanças analíticas decorrentes de novos movimentos sociais, em particular o feminismo e o ecologismo.

5. Ver Gouldner, A., *The Coming Crisis of Western Sociology*, Londres, Heineman, 1971.

6. Ver Sorj, B., "Crises e horizontes das ciências sociais na América Latina", *Novos Estudos Cebrap*, 23, 1989.

7. Ver Rosanvallon, P., *La crise de l'État-providence*, Paris, Seuil, 1984.

8. Ver *The Economist*, "Survey in the New Geopolitics", 31.7.1999, p.8.

9. Ver Fukuyama, F., *Trust: The Social Virtues and the Creation of Prosperity*, Nova York, Free Press, 1996; Todd, E., *L'Enfance du monde*, Paris, Seuil, 1984.

10. Ver Beck, U., Giddens, A., e Lash, S., *Reflexive Modernization*, Stanford, Stanford University Press, 1994.

11. Bauman, Z., *Modernidade e Holocausto*, Rio de Janeiro, Jorge Zahar, 1998.

12. Foucault, M., *The History of Sexuality*, vol.I, Harmondsworth, Penguin, 1981.

13. Beck, U., *Risk Society*, Londres, Sage, 1992.

14. Habermas, J., op. cit.

15. Ver "As tramas sincréticas da história. Sincretismo e modernidade no espaço luso-brasileiro", *Revista Brasileira de Ciências Sociais*, 28, ano 10, 1993.

16. Ver Bauman, Z., *Modernidade e Holocausto*, Rio de Janeiro, Jorge Zahar, 1998.

17. Embora dentro de outra discussão, ver o interessante artigo de Beckert, J., "What is sociological about economic sociology? Uncertainty and the embeddedness of economic action", *Theory and Society*, vol.25/26, 1996.

18. Ver Lavinas, L., "Renda mínima: Práticas e viabilidade", *Novos Estudos Cebrap*, 53, 1999; Bava, S.C., "Programas de renda mínima no Brasil", Pólis, no. 30, 1998.

19. Sobre a questão do federalismo no Brasil, consultar a coletânea de artigos organizada por Affonso, R.B.A., e Silva, P.L.B., *A federação em perspectiva*, São Paulo, Fundap, 1995. Como indica Francisco de Oliveira em artigo incluído nesse livro, a questão do federalismo nunca provocou a imaginação dos grandes pensadores sociais e políticos brasileiros, com a importante exceção de Celso Furtado.

20. Ver Sorj, B., op. cit.

21. A revolução francesa tentou "ressignificar" a família, colocando-a a serviço da "reprodução da pátria". Ver Terradas, I., "Familia y ciudadanía en la revolución francesa", Barcelona, manuscrito, 1997.

22. Ver Cardoso, F.H., "A questão do Estado no Brasil", em *Autoritarismo e democratização*, Rio de Janeiro, Paz e Terra, 1975.

23. Aqui, novamente, trata-se de uma questão de grau, pois esses mecanismos existem em todas as sociedades capitalistas, mas no caso brasileiro quantidade torna-se qualidade.

24. Ver Gianotti, J.A., *Trabalho e reflexão*, São Paulo, Brasiliense, 1983.

25. Existe vasta bibliografia no Brasil sobre essa questão, com grande riqueza empírica. Só para mencionar algumas coletâneas mais importantes, ver Pandolfi, D., Carvalho, J.M., Carneiro, L.P., e Grynszpan, M., *Cidadania, justiça e voto*, Rio de Janeiro, Ed. da FGV, 1999; Valladares, L., Prates Coelho, M. (orgs.), *Governabilidade e pobreza no Brasil*, Rio de Janeiro, Civilização Brasileira, 1995; Tavares dos Santos, J.V., *Violência em tempo de globalização*, São Paulo, Hucitec, 1999.

26. De acordo com Neto, P.M., "Violência policial no Brasil — Abordagens e práticas de controle", em Pandolfi, D.C., Carvalho, J.M., Carneiro, L.P., e Grynszpan, M., op. cit. Aparentemente, as polícias de diversas cidades, além de padrões diferentes de cumprimento da lei, têm nichos distintos de associação com grupos criminosos e de extorsão. O momento em que essa situação passa a ser insuportável para os grupos dominantes é quando policiais se associam a grupos de seqüestradores.

27. Ver Pecaut, D., "Para una sociología del terror: los procesos de desterritorialización, destemporalización, dessubjetivación en la violencia colombiana", *Revista de Antropología*, 1º trimestre, 2000.

Nota bibliográfica

Os leitores interessados em bibliografias comentadas sobre os diversos aspectos da sociedade brasileira devem consultar a coleção *BIB* (*Revista Brasileira de Informação Bibliográfica em Ciências Sociais*), publicada pela Anpocs.[1] Para uma apresentação detalhada e análises das estatísticas sociais do Brasil contemporâneo, pode-se consultar, em particular, os catálogos do IBGE[2] e os trabalhos do IPEA.[3]

1. Consultar o *site* da Internet: www.anpocs.org.br.
2. Consultar o *site*: www.ibge.gov.br .
3. Ver em especial *O Brasil na virada do milênio* – Vol. 3: *A questão social no Brasil: Desafios e oportunidades*, Brasília, IPEA, 1997. Para uma lista de publicações, ver o *site:* www.ipea.gov.br.

Índice remissivo

Este livro foi composto pela TopTextos e Edições Gráficas, em Times New Roman e impresso pela GeoGráfica e Editora.